蔣介石軍事作戰檢討
（1945-1948）

Chiang Kai-shek's Review of Campaigns, 1945-1948

· 再版 Second Edition ·

導讀

陳佑慎

國家軍事博物館籌備處史政員

　　中華民國政府為什麼在 1949 年「失去大陸」，數百萬國軍為什麼在國共戰爭中遭逢空前未有的慘烈挫敗，是許多人日以繼夜嘗試解答的問題，包括國軍最高統帥蔣介石自己。這部《蔣介石軍事作戰檢討（1945-1948）》的內容，就是蔣介石個人連同若干國軍高層，集眾人智力，對於相關問題的深度反思。

　　本書史料來自「舊日記剿匪作戰有關問題之摘要類鈔」，文本原始雛形僅分類摘錄蔣介石日記，略有增刪與潤飾，但未作額外的詮釋與評述。[1] 和傳世的其他蔣日記摘抄本（如著名的「五記」──《困勉記》、《省克記》、《學記》、《愛記》、《游記》等）相較，顧名思義，最大的差異點自然是聚焦於軍事作戰，尤其是 1946 至 1949 年間的國共軍事對決。

　　1953 年 1 月 24 日，蔣介石於臺北劍潭召開年度性的國軍軍事會議，同時將「舊日記剿匪作戰有關問題之摘要類鈔」發給與會軍官，要求與會軍官「各就其親身經歷剿匪戰役時所記之日記，提供其對於剿匪作戰之具體事迹及意見，分類分段摘錄」於

1　原始僅分類摘錄蔣介石日記的版本，參見「舊日記剿匪作戰有關問題之摘要類抄」（1953 年 1 月 23 日），《陳誠副總統文物》，國史館藏：008-010702-00068-001。

其上，然後繳回呈核。[2] 與會軍官繳回呈核的資料，再由國防部組織參謀軍官，分就情報、作戰、訓練、戰史、政工、綜合等議題，進行整理審查，並彙整成冊。[3] 彙整成冊的新文本，結合蔣日記摘錄文字、各軍官剿共作戰經驗與意見，篇幅更見豐富，即為本書的主要內容。

從編排形式看來，本書內容概分「戰術」、「心理作戰」兩類，前者收錄 52 個條目，後者收錄 24 個條目。每個條目，均以蔣介石日記文字摘錄或改寫為首，其下收錄彙整的戰史案例，並綜合提出解決問題的對策，或作各式各樣的評述。某種意義上，本書從日記分類摘錄、發下、收回，到審查、彙整成冊的過程，也不無類似軍隊高級指揮參謀教育中的教官擬具想定和問題、學員各自作業，到學員向教官呈付答卷、教官再根據學員答卷講評的過程。

例如，第一類條目一之首「打弱，強亦弱，打強，弱亦強（對敵言）；打強，強亦弱，打弱，弱亦強（在己言）」，語出蔣介石 1947 年 5 月 17 日日記所記「匪之『戰鬥手冊』」。其下，羅列了 1930 年代江西圍剿、1947 年嶧棗戰役、1947 年延安之役、1948 年徐蚌會戰等戰史案例，作為參照。條目最後，提出若干解決問題的對策，諸如「採用孫子兵法之『全勝』，戰法參照克勞塞維茲式之『暴力殲滅』主義」、「發揮三軍協同，與諸兵種聯合作戰之威力，實行總體戰，以主動攻擊精神，高度機動，分割匪軍，集中局部優勢，以眾擊寡，以十打一，以多勝少

2　會議資料見「四十二年度軍事會議的指示和講評的補充」（1953年1月24日），《蔣中正總統文物》，國史館藏：002-080200-00390-001。

3　完整名單見「承辦總統舊日記剿匪作戰有關問題答案比較出力人員名冊」（1953年），《蔣中正總統文物》，國史館藏：002-080102-00020-013。

之方法」等。

再如，第一類條目十一之首「36 年初，嶧棗整 26 師及重砲裝甲部隊被匪澈底解決」，是蔣介石日記 1947 年 1 月 5 日條、1 月「上月反省錄」400 餘字的扼要改寫，主要是針對嶧棗戰役期間徐州綏靖公署的指揮部署、快速縱隊（當時國軍以步兵，結合戰車、牽引火砲、汽車等編組而成的機械化兵團）的戰術運用問題。條目內容針對前揭主題，綜合評述了國軍多項缺失，諸如「我軍部署在戰略方面，陷於兵力分離，在戰術方面又株守據點，陷於兵力分散，故予匪以分割包圍之機會」、「快速縱隊任第一線之守備，完全不合原則，迨被匪包圍迫近作戰，重砲失去效能，戰車亦被匪襲擊，無法支援步兵作戰，發揮機械化之效能」等。

對歷史研究者來說，這些日記分類摘錄、戰史案例、綜合評述等內容，最大的價值是提供了豐富多樣的歷史肌理。在原書劃分的「戰術」、「心理作戰」兩類之下，實含括一般人所謂的戰略、戰術、情報保防、動員能力，甚至是後方勤務、俘虜政策、戰場救護等角度。各種角度，環環相扣，無不值得仔細考察。

首先就戰略問題，本書藉 1947 年 2 月吐絲口之役王耀武與李仙洲令所部盲目退卻、1948 年 2 月宜川戰役陝北機動部隊部署過少、1949 年冬胡宗南部未早移入川等事例，說明國軍的各種失誤。至於更多的篇幅，則是屢次指出國軍「戰略上過於重視城市之得失」，導致土地愈擴大，兵力愈分散，予共軍各個擊破之機會。不過，第一類條目十三也提醒讀者，「我在理論上及計畫上雖均欲殲滅匪軍有生力量，但事實上往往偏重於城市之得失」。要言之，國軍並非不知殲敵有生力量的重要性，而是不能貫徹此種戰略原則。造成該現象的原因，是多方面的，例如

第一類條目十一很沈痛地指出「我軍歷次對匪作戰之初期，所遭遇者大部均為匪之民兵或軍區部隊，一經接觸，匪軍即行撤離，故每次戰役所得者僅為城鎮或點線，並未能消滅匪之主力。而各級指揮官多誇大戰果，虛報匪情，結果形成高級司令部對匪情判斷錯誤，因而處置亦不適當」。至於前文中所謂的民兵、軍區部隊，另涉及更廣泛的課題，後面還會談及。

就戰術問題，本書透過各式各樣的戰史案例與評述，對國共軍隊的作戰能力進行比較，可說是全書最具份量的部分。本書認為，國軍較之共軍，初期擁有特種兵（戰車、重砲），以及海軍、空軍方面的優勢，但這些優勢常被許多因素抵銷。例如，國軍並未建立類似同時代美軍的 JOC（Joint Operation Center，聯合作戰指揮）機制，於是「平時三軍併立，戰時臨時協同」。第一類條目廿六生動地指出，1947 年10 月，國軍向山東膠東地區發動攻勢，「作戰之空軍，雖係統一指揮，但指揮所設於濟南，與陸軍指揮機構相距過遠，連繫不密切，情況不確實，且未統一區分各基地（青島、濟南、徐州）之出動時間與空間，致第一線有時無機協同，有時三基地之飛機麕集一處，攻擊遂行困難」。

尤有甚者，撇開海、空軍、特種兵不談，國軍一般步兵單位的火力其實未必優於號稱「小米加步槍」的共軍。第一類條目廿二便提醒讀者，「匪步兵裝備一般並不遜於國軍，且能配合民兵到處向國軍襲擊破壞，使國軍補給及重兵器運動困難，致火力上未能隨時保持優勢」。而國軍再加上人事方面「建制隸屬關係，畛域派系觀念」導致各部協同能力差勁，訓練方面則行軍能力不足、過份仰賴陣地工事、不慣夜間戰鬥等因素，先是行動多陷於道路，繼而於孤立據點死守挨打，實力逐漸遭到削弱，最終被阻

被圍被殲。反之，共軍裝備輕便，行軍力強，給養就地取得，無輜重之累，因而行動飄忽，可對國軍控制區採取避實擊虛、鑽隙隔絕等措施，再尋機殲滅國軍部隊。惟一旦戰略戰術需要奪取堅固陣地，共軍仍會採用正面硬攻手段，雖遺屍纍纍，血流成渠，猶志在必取。第一類條目三對於共軍慣用的鑽隙、近迫作業等戰術，有很精彩的討論。

再就動員能力問題，本書主要是批評國軍未積極發展「地方武力」，忽視民眾組訓，加深了前面提到的困守點線窘境。蓋國軍每進入一地，黨政均未深根；每離開一地，黨政均難以生存。於是正規軍不獨須擔負主要戰鬥，更被迫投入各種地方綏靖任務，或承擔點、線的守備，馴至備多力分，失去廣大「面」的控制，處處陷於被動。共軍則不然，正規軍集中投入野戰，而軍區部隊、民兵部隊多用於地區性的「控制民家、掩護政治」任務，此即第一類條目三所謂「每佔一地，即強制組織人民，不論男女老幼，一律予以軍事政治訓練，少壯者編為民兵，從事游擊，老弱者放哨站崗，擔任警戒，分別予以任務，使整個佔領區依照需要，組成一有機戰鬥體」。其實，單以國軍缺乏控制「面」的能力言，已可部分解釋，何以國軍明知不宜太計較城市的得失，卻終究陷入困守城市的窘境。

就情報與保防問題，本書除指出中共諜滲透國軍統帥部（如國防部參謀次長劉斐、第三廳廳長郭汝瑰等共諜身分），或者「以匪諜混入我軍收發室、書記室、電務室充當勤務、傳達，作諜報工作，盜取我軍機密」（第一類條目卅七）等現象，並批評一般軍官缺乏警覺頭腦之外，很大篇幅還是在探討「面」控制的弱點。這是因為，國軍既然忽視民眾組訓工作，缺乏地方武力或黨政組織的輔助，勢必難以運用民眾作為戰場嚮導、偵探，導致戰

場情報欠靈。共軍則不然，透過嚴密的地方基層組織，不單時常派遣偵探，甚至是老弱婦孺窺伺國軍行動，亦能築成不易穿透的情報封鎖體系，此即<u>第一類條目十六</u>所謂「匪軍利用軍區部隊、各地民兵及嚴密情報系統，佈置廣大掩蔽幕（搜索幕），使我無從獲得匪情，而匪能察知我軍狀況」。

　　合而觀之，本書就戰略、戰術、動員、情報等角度所呈現的國共內戰，是一個涵蓋大範圍人、事、時、地、物的樣貌，國共軍隊均各自有一套正規軍、地方武力的垂直體系，而重點就是在「面」的控制力之上。其實溯至內戰期間，國軍將領已經意識到相關問題的嚴峻性。1948 年 6 月，華中剿匪總司令白崇禧即形容，共軍係從「避實擊虛擴大『面』之戰法」再逐漸演變為「集結主力，求我決戰」。[4]其後，國軍轉進來臺，這個「面」的概念又結合總體戰（total war）等概念，發展為所謂的「戰爭面」說法，凡檢討對共作戰失敗，多引述之，誠非偶然。[5]

　　本書觸及的議題，尚不限於前揭之例。例如針對後勤問題，<u>第一類條目四四</u>謂國軍新成立的聯勤總部制度（1946 年）弊病叢生，略云「此種統一補給之著眼，固無可疵議，但戰場遼闊，轉運困難，公文往返尤費周章，致使後勤與指揮脫節，補給不濟。此外辦理後勤人員，不知主動補給，充實戰力，竟誤認軍需

4　「顧祝同上蔣中正呈」（1948年7月3日），《蔣中正總統文物》，國史館藏：002-020400-00023-088。

5　1980年代，三軍大學（今國防大學）參酌海峽兩岸資料，編修《戡亂》戰史，謂「大陸戡亂作戰匪我史料記載，均無『戰爭面』一詞。此一說法乃係國軍轉進來臺後，檢討戡亂作戰，為失敗因素之一，故多引用。但在當時事實上匪對此已極盡其運用之能事，並依其戰爭面之支持，在戰場上取得決戰之勝利」。參見三軍大學編纂，《戡亂》（臺北：國防部史政編譯局，1989），第9冊：總檢討，頁58。實則，《戡亂》戰史中對「戰爭面」的表述，很大程度出自原始材料中的「面」一詞。

品之給與乃為主管者施予部隊之恩惠，甚至憑其個人恩怨好惡中飽苛扣，刁難拖延，不求實際解決問題，僅在等因奉此中兜圈子。如戡亂期中，便衣隊服裝之製發與東北國軍大車之置備，不知開幾許會議，多少研討，最後終以事關通案或無此預算敷行了事。至於軍品補充，更是毫無計劃，平時任其積庫蝕腐，部隊不得補充，情況緊急時則發交部隊，以致訓練攜行皆成問題。至於預備兵員裝備之儲備與戰場損耗之補充，從不顧及，以致部隊作戰只有損耗而無補充，愈打愈疲，愈戰愈弱。另外，補給機關與部隊不能密切配合，補給手續又嫌過於繁雜，每當部隊接奉緊急命令出發時，恆由此可怕之手續而未能及時領到彈藥，一旦與匪接觸，交通斷決，則僅能支持一、二日之戰鬥即告彈盡糧絕，至戰場空投更因諸般困難而未臻理想。尤有甚者，軍中之隊屬輜重迄未建立妥善，部隊一有行動勢非拉夫不可，以致影響軍民感情，妨害軍譽，且影響部隊無法實施大規模之運動戰。」

歷任國軍多項要職的王東原曾說，「不能否認聯勤系統比北伐時的兵站機構進步得多，但部隊長對後勤之不滿是事實，後勤與作戰部隊未能配合銜接亦是事實。這種情形，在物資極度困乏的北伐及抗戰時期，並未發生。」[6] 何以致此？相信前面提到的引文，已經解答了重要關鍵。

又如，針對俘虜政策問題，第一類條目廿三謂，國軍統帥部視「釋返之被俘人員對我有百害而無一利，但殺之不可，用之不宜，棄之報怨，且人數甚多，需索糧餉，驟增意外之負擔，更使財力支絀，38 年此等人員之向國防部求救濟或索求積薪即可概見」。這段文字，很能說明國軍高層對於被俘人員的真正看法。

6　王東原，《從韓戰看國軍》（釜山：中華民國駐韓國大使館，1952），頁 170-171。

第一類條目二十則承認共軍之俘虜政策能收效果，蓋「匪軍以其嚴密之組織為基礎，敢於大膽利用俘虜，故我軍被俘人員經其略加甄別訓練後，即分別撥補其部隊作戰，並迫令擔任最危險之任務，以減少其原有兵員之犧牲。又對於鹵自我軍之武器裝備，尤能善為運用」。

此外，第一類條目四二談「我軍對戰場救護與掩埋不注重之惡習」，讀來亦令人撫卷嘆息，略云國軍「過去傷兵無人料理，或由戰鬥兵扶下，前者有損士氣，後者一名傷兵即減少一名或兩名戰鬥兵，這是增加敵人之戰鬥力」，「35 年冬蘇北戰役，我 7A 在淮陰六塘河作戰遺屍一具，匪即用作宣傳工具，購買棺木，收殮後在棺木上貼滿傳單，乘夜送至我駐地附近，天明後戰士見之心傷氣餒，由此引起逃亡」，故「務使道無傷病，野無遺屍，蓋此工作對作戰心理而言，為防止或避免恐懼心理之發生，對人道而言，實為國家對英勇將士之應盡義務與最後慰藉。救傷養患，慰死勵生，恢復戰力，所以勸來者，故近世各國對此問題莫不重視之至。」

當然，本書也像其他類型的文本，無可避免地有其侷限性。例如，許多人指責，國軍最高統帥蔣介石不時出現「越級指揮」作為，造成指揮紊亂，乃國軍戰場失利的重要因素。[7]但這個問題基本上在本書隻字未提。其實，蔣日記並非不談相關爭議。1948 年 8 月 7 日，即自辯謂：「〔何應欽、白崇禧將〕一切軍事失敗罪惡均歸於余統帥對部隊直接指揮，而問其直接指揮何一部

---

7 應特別指出，晚近學界已逐漸提出檢討看法，認為越級指揮問題有其特殊時空背景，「危害似未如前人想像之大」。參見張瑞德，《山河動：抗戰時期國民政府的軍隊戰力》（北京：社會科學文獻出版社，2015），頁203-222；劉熙明，〈國共內戰期間國軍的指揮權問題：南麻戰役的個案研究〉，《中央研究院近代史研究所集刊》，第81期（2013年9月），頁99-131等的討論。

隊,是否為命令,抑為將領直來請示,以及該區總司令請求余直接手令督促該屬之軍師長者,則余不能不批覆其來請示與不能不直接督導,而並非余越級指揮之過」。[8] 不管這個自辯有無道理,蔣應當是無意將之摘錄再交由麾下軍官共同討論。

再如,第二類條目二四謂「自歐美之個人自由主義流毒中國,更養成中國人之權力慾望與功利主義,而中國之固有道德亦為之摧毀,所以凡事俱以利我前提,以道義為迂腐,升官發財之慾望瀰漫社會,軍人受此習染,遂亦嘗以個人利害感情為主,而不以整軍建軍為重」。這段話的出現,有當時國軍重建政工制度、深化國民黨意識形態控制的背景。但在講究英美式政軍關係(civil-military relations)模式的臺灣當下,人們應當如何看待相關問題,讀者應該不會照單全收。

更重要地,所有戰爭都是錯綜複雜的交手過程,絕非著眼於「高明的」、「昏庸的」指揮者事先規劃好的戰略,抑或幾條固定的戰術公式,就可以簡單歸結勝負因素。理想上,國共內戰史事,乃至於更廣泛的近代中國政治與軍事史事,還有待研究者繼續耕耘,用更充足的通案、個案研究來作細緻處理。本書能夠提供的,是在各種通案、個案的研究過程中,作為解讀歷史現象的有力參照。而書中對於歷史現象的解讀參照,仍需要研究者另外進行延伸調查,以及批判性的分析,方能得致較適切的理解。即以本書反覆提到的「面」控制力為例,就受到國共在不同時地的黨、政、軍生態之牽動;其間的軍事史、政治史、社會史議題,自然不是單憑本書就能夠滿足讀者了。

---

8 《蔣中正日記(1948)》,8月7日(臺北:民國歷史文化學社,2023),頁212-213。

　　但無論如何，本書事例豐富，涉及角度廣泛，毫無疑問是歷史研究者的重要參考史料。只要讀者仔細玩味書中的論點，並參酌其他資料作延伸調查、批判性分析，定可開啟國共內戰史事研究的一扇小窗，更能看清樣貌複雜多變的歷史圖景。

編輯凡例

一、本書依照原件,分為第一類「戰術有關者」,以及第二類
　　「心理作戰有關者」。

二、為便利閱讀,部分罕用字、簡字、通同字,在不影響文意
　　下,改以現行字標示,恕不一一標注。

三、長官於報告中之補充與批註,以〔 〕標示。

四、原稿無法判讀之文字,以■標示。

五、本書史料內容,為保留原樣,維持原「匪」等用語。

軍隊番號說明

國軍	共軍
CA 兵團	CA 兵團
A 軍	CD 縱隊
D 師	A 軍
B 旅	D 師
R 團	DS 獨立師
T 暫編	B 旅
N 新編	BS 獨立旅
K 騎兵	N 新編

目錄

第一類　戰術有關者

〔戰區司令官及各軍師旅番號、各長官姓名應注名〕

一、打弱，強亦弱，打強，弱亦強（對敵言）；
打強，強亦弱，打弱，弱亦強（在己言）。

事實

一、打弱，強亦弱－即先打匪之劣等部隊，或其戰線中之薄弱部份，用分割戰法，主宰戰場，捕捉戰機，積小勝為大勝，積各個殲滅為總殲滅，使堅強之匪終至潰敗。

　　例如江西第五次圍剿，22 年 9 月至 23 年 11 月，我第三、六兩路軍及第四、八、十縱隊先將匪第五、七兩軍團及江西、湘鄂贛兩個軍區各個擊破後，再以第三路軍直向匪巢長汀、瑞金、會昌行尖銳形之突破攻擊，捕捉匪第一、三兩軍及匪之直轄各師而殲滅之，使盤踞數年之江西匪區就此踏平。

二、打強，弱亦強——即先打敵之優等部隊，或其戰線中之堅強部份，造成拉鋸或對峙局面，致我遭受重大損失，使匪以弱變強。

　　例如嶧棗戰役，35 年 12 月 18 日匪在宿遷擊破我整 69D，又於 36 年 1 月，在嶧東擊破我整 26D、整 51D 及第一快速縱隊，使匪士氣大振。

三、打強，強亦弱－即於作戰初期，以我之優等部隊，與堅強之匪拚戰，結果戰力日趨疲憊，致最後決戰不能克敵，致果使我由強而弱。

　　例如徐蚌會戰，37 年 11 月 7 日至 38 年 1 月 10 日，我強大之 2CA、7CA、12CA、13CA、16CA 等兵團與匪劉伯承、陳毅兩部主力在徐州外圍硬拚失利，嗣後在碾莊圩、青龍集、雙堆諸地區決戰時，我軍戰力薄弱，士氣低落，致遭歷史上之沉痛慘敗。

四、打弱，弱亦強－即以我之劣等部隊，不論攻守進退，企圖祕匿，自主制先，實施速決殲滅，以多勝少，乘隙踏瑕，經常保持優勢，靈活機動，輕裝急進，堅決突擊，逐次削弱敵人，壯大自己，使我轉弱為強。

　　例如東北戰役，我 207D，係青年學生組訓成軍，作戰經驗短少，因歷次擔任遼西地區之掃蕩，每收良好戰果，士氣大振，戰力日強，成為東北國軍之勁旅。

對策

一、戰爭指導：採用孫子之「全勝」（詭道），戰法參照克勞塞維茲式之「暴力殲滅」主義，為今後對匪戰爭指導之最高原則。

二、戰略持久：發揮三軍協同，與諸兵種聯合作戰之威力，實行總體戰，以主動攻擊精神，高度機動，分割匪軍，集中局部優勢，以眾擊寡，以十打一，以多勝少之方法，澈底集中優勢兵力於一點，期獲得決定性之勝利，以振作士氣，此即積小勝為大勝，收復大陸民心，使其歸向我軍之良策。總統曾訓示「以強擊弱」之戰法，即此意也。

戰例

一、打弱，強亦弱；打弱，弱亦強之例。

　　民國 36 年 3 月中旬，克復延安之役。延安為共匪叛亂之基本巢穴，匪方判斷我軍必將以主力沿鄜縣、甘泉、延安大道北進，故集結其精銳 1BS、2BS、教 1B、教 2B、358B、359B、警 1B、警 2B、警 3B、警 4B 及 N1B、N2B、N3B、N4B 等十四個旅及騎六師共八萬餘人準備頑抗，以一部固守大、小勞山之堅強陣

地，而以主力控制於金盆灣西南地區，企圖測擊我軍，但我軍則以一部佯攻敵之大勞山陣地（不打強），而以主力出敵不意，鑽隙越險，勁趨金盆灣以拊敵主力之側背（打弱），致敵損失慘重，無法頑抗，不得不倉皇撤守。我軍遂獲打開北通延安之側門，而於六天內克復延安，掃穴犁庭，此乃用避實擊虛之原則，成功殊易，亦即打弱，強亦弱（對敵言）；打弱，弱亦強（在己言）之一例也。

二、打強，弱亦強；打強，強亦弱之例。

匪軍於撤退延安之前，曾以其一部約三個旅之兵力，堅固佔領延安四週要點，尤以其東西兩側之高地及延水之北岸、塔山陣地為最堅強，我軍整 1D 於突破匪大小勞山、金盆灣、狗梢粱主要陣地後，即跟蹤追擊，首先進逼延安近郊實施攻擊。原判斷此僅為匪之退卻掩護陣地，不致惹起激戰，但實際則遭匪軍堅強之抵抗，激戰竟日，傷亡副團長、營長以下幹部十餘員，士兵三百餘名，後得我軍有力之支援，始將匪軍擊退，而完成佔領延安。此次作戰在匪我兵力上言，固屬匪弱而我強，然就匪方所佔地形之優勢及陣地設備之堅固等而言，則匪軍事可謂為強也。我軍當時以急求搶先佔領延安，未暇考慮攻擊準備，致遭受較重之損失，此亦打強，弱亦強（對敵言）；打強，強亦弱（在己言）之一例也。

二、我軍挫敗最多之場所：甲、被圍被殲；乙、 突圍被陷；丙、赴援中伏或途中受阻。

甲、被圍被殲

（一）事跡

長春、錦州、太原、濟南、孟良崮、徐州、成都、開封等地，皆被圍被殲。

茲就成都戰例言之，38 年 12 月 15 日，劉匪伯承率七個縱隊之兵力，在城郊形成三面圍攻態勢。至 18 日匪大部竄犯新津機場，與李文部激戰甚烈，匪另股竄犯雙流企圖遮斷成津公路。20 日匪我在蓉郊西南展開激戰，攻新津匪主力西竄邛崍，迂迴切斷我成都入康之路，我鑒於局勢危殆，乃密議脫離戰場，化整為零，兩週間雖有我空軍全力助戰，亦難挽回頹勢，22 日乃撤離鳳凰山基地。次日裴昌會、李振、魯崇義、羅廣文、陳克非等部相繼投匪，乃至不可收拾。延至 27 日，成都遂陷匪手，我精銳乃被圍殲殆盡。

（二）意見

一、我軍三十萬佈防秦嶺，兵力分散，本應早移入川，因礙於地方軍人之阻撓，迄至川局動搖，成都危急時，始至漢中馳援，逸失時機，注定被殲命運。

二、設統帥部不以胡宗南部在成都作決戰部署，早移西康，先取雅安、西昌，則局勢演變，自當於我有利，這可說是戰略上的錯誤。

〔此於當時情勢不可能。〕

三、先將胡部精銳之 1A 調渝參戰，至未能機先略取西康，使劉

文輝、鄧錫侯、潘文華叛變，且長途行軍，人馬疲憊，戰力受損，四川地方部隊龐雜，士無鬥志，影響作戰，這是戰術上的錯誤。

四、其他各戰場，則有因重裝備車輛多，機動性弱，不能從事運動戰，依賴陣地工事，坐待援軍。其次國軍只能控制點，而不能控制面，且行動多陷於道路，缺乏攻擊思想，死守挨打，援軍解圍不力，缺乏榮辱與共，唇亡齒寒的體認，捨己為人的精神。復次補給線斷絕，兵員糧彈無繼，空投補給量少，無法從事持久戰鬥。故今後必須在戰略上不死守點線，在戰術上講究運用奇正兼施，政治上一切設施符合軍事的要求。

乙、突圍被陷

（一）事跡

37 年 7 月 11 日，徐洵、太古間地區，我太原綏署趙承綬部四萬餘人，自八日起被匪五萬餘人包圍後，太原綏署乃令文水、介休等地守軍三萬餘人，於 12 日集中文水北上，以解除我徐太間守軍之圍。至 16 日 14 時，我被圍守軍開始向北突圍，惟遭匪嚴密火網猛擊，我空軍雖全力助戰，惜我軍戰志喪失，情形紛亂，榆次南下援軍，此時始渡過榆次西南小河，直至 21 日，仍未續進應援，我突圍部隊遂陷入悲慘命運，被匪逐一解決。

又如黃維兵團，在雙堆集突圍，及 N5A 陳林達部在公主屯，與黃伯韜兵團在碾莊突圍，匪均呼口所謂此役可以縮短「革命戰爭」的過程，不惜傾巢包圍，動搖我軍決心，消耗我軍彈藥，驅使民兵盲目襲擊，致我彈盡援絕，故意開放缺口，使我軍突圍，於中途預置伏兵，行殲滅性之截擊。而匪尤能適時展開心理作戰，如邱清泉兵團被圍困時，匪以飯食放置我軍陣地前數十公尺

處，再運用喊話，邀我士兵自由出入食用，匪並停止射擊，而我
官兵在極度饑餓下，如獲至寶，並再四以豬肉饅頭向我官兵進
攻，而彼等在絕望之餘，鬥志遂失。

（二）意見

一、太原綏署，事前認匪行動不過搶糧，匪情判斷錯誤，並缺乏
　　全盤作戰計畫和部署，他如指揮失當，指揮官優柔寡斷，南
　　下援軍遲滯，無攻擊精神。

二、其次突圍，一般官兵多認為逃命，且受車輛、重兵器之拖
　　累，不能隨部隊行動，隨軍撤退之民眾、公務員、非戰鬥員
　　太多，眷屬隨行，陸空聯絡不夠，政治工作尤為欠缺，對心
　　理作戰平時不注意、不研究，致戰時不僅無以攻敵，且當匪
　　以餌誘惑時竟無一防止與反擊之策。又如黃維兵團突圍之
　　先，電知家屬洩漏機密。我軍如被包圍時，只有加強本身防
　　禦，節省彈藥，激勵士氣，予匪以嚴厲之打擊，切不可存突
　　圍之心，因已不可能，如強行之，必陷於最悲慘之境地。

丙、赴援中伏或中途受阻

（一）事跡

　　37 年 2 月 22 日，彭匪德懷率匪四萬餘人自延長南犯宜川，
24 日形成包圍宜川態勢，我急由洛川舊縣抽調整 29A 三萬餘人
馳援，惟我援軍行動遲緩，至 27 日始進至宜川西南凹字街以東
地區，當被匪軍優勢兵力奇襲，截為兩段，首尾不能呼應，敵眾
我寡，我被包圍，此時雖有空軍全力協助作戰，亦難挽救頹勢，
援軍陷於苦鬥後，進退失據，終未突圍，迄至 3 月 1 日，援軍戰
力喪失，遭匪各個擊破，軍長劉戡、師長嚴明均壯烈殉職，西北

形勢從此逆轉。

　　37 年 4 月，膠濟線上昌濰被圍，我以三個整編師自濟東進解圍，匪除加緊全力攻擊昌濰，並以強有力的兵力，由臨淄方面，向我東進援軍左後方，對進迂迴，切斷我後方補給線，以實施其「圍點打援」的慣技，我援軍遂被阻於淄河店、益都間地區，而昌濰仍陷落。

（二）意見

一、戰略上錯誤，我僅以三師兵力留駐陝北。受據點過多之限制，可機動使用之部隊少，兵力不足，處於被動，且事前未澈底研究匪情，對匪兵力及企圖均無正確判斷。

二、戰術上錯誤，山地作戰，應多分縱隊行進，而我援軍不此之圖，且行進遲緩，不作廣正面搜索，致未能發現匪之企圖及兵力，遽遭匪伏，指揮不當，主力分開兩面作戰，致被匪各個擊破。

三、士氣衰落，援軍整 29A 三萬人，素稱精銳，被匪圍攻，未及三日，集體就俘，足證士氣之衰落。

四、中途受匪阻撓，應知鑽隙繞道前進。

五、援軍行動，應積極果敢，夜暗亦宜兼程前進。

　　綜上所見，我軍其所以如此遭受失敗者，不外下列主因：

一、抗日八年，守勢戰術思想之戰法，影響戡亂軍事之積極主動，以致被圍被殲。一般幹部多未能體認「抗戰持久，剿匪速決」截然不同，終至因襲老套，在思想上、精神上以及作戰指導上，均陷於消極被動。

二、戰略上拘於地域得失，為點線之固守，忽略消滅敵之有生

力量，以致兵力分散，處處薄弱，形成備多寡分之果。

三、統帥部組織欠嚴密，例如作戰所與擘畫作戰之參謀次長，竟為匪諜郭汝瑰及劉斐竊踞三、四年之久，直至大陸淪陷，兩逆通電附匪，始悉其為匪諜。

〔郭汝瑰非次長〕

四、勝利後，國軍精銳，因接收東北，而致兵力分散，中原空虛，同時對於東北、華北、華中各地之偽軍，又未經過週密考慮，善予收撫，坐令為匪所用，實為政策上最大錯誤。

五、抗戰勝利，正待移兵剿匪時，部隊高級人事異動頻繁，多數將領與部隊互調，按當時部隊情形複雜，軍事制度尚未建立，一旦主官易人，軍心渙散，士氣沮喪，迨與匪作戰，主官與部隊因無歷史與感情，在情況緊急時即無法掌握部隊。

六、在將領本身方面，革命精神消失，喪失勝利信念，且對匪軍戰法與剿匪戰術不能深入研究，而猶固步自封，以經驗自豪。

因此我今後必須針對上述缺失，作如下之改進：

一、作戰指導在「戰略應採守勢，戰術應取攻勢」，亦即在戰略上必須以眾擊寡，在戰術上實行以大吃小，同時對於株守點線之陳舊觀念，應予改變，務期在所要之方面，澈底集中優勢兵力，力求機動奇襲，以珍惜我有限之兵力。

二、最高政略與戰略，既經決定，不容任何民意或政客有所阻撓。

三、建立優良軍事制度，使軍隊國家化，泯除官兵封建思想，以免因主官調動影響軍心士氣。

四、嚴密選拔統兵將領，崇尚拙誠，力戒浮誇。

五、方面指揮官，應有當機立斷之果敢毅力。統帥部尤應獎勵獨斷專行，使能適應戰機，並力戒遙制干涉細部之弊。

六、不得已而守點時，應作到下列各項：

　1. 加強情報，擴大搜索正面及範圍。

　2. 加強民眾控制，爭取民眾。

　3. 嚴密保防，肅清內奸。

　4. 依兵力選擇地形，堅固工事，未奉令切戒輕率突圍。

　5. 較高〔級〕指揮部對被圍部隊務使獲得適當之支援。

　6. 責成增援部隊必須達成任務，否則守軍有失，應受連坐處分。

七、不得已而突圍時，力向敵後滲透，乘虛竄擾。

八、赴援中伏，應果敢轉於外翼，對敵反包圍，或集中力量，擊破其一翼。

九、赴援受阻，寧作遠距離迂迴，避免正攻，孫子所謂「由不虞之道，攻其所不備，行千里而不勞者，行於無人之地也」。

三、37 年 7 月 14 日記：一、對匪節節截斷，
點點包圍，與各個解決之戰術。二、匪對
我軍鑽隙隔絕，先使我陣地內之各部隊，
彼此間各個隔離以後，再加以各個分別解
決之戰術，應加研究實習及其對策。三、
匪之反覆爭奪陣地之戰術。四、匪之近迫
作業與臨時構築工事之快速及其工事式
樣，皆應澈底研究。五、封鎖戰（即掩蔽
幕）之重要與研究。

一、對匪節節截斷，點點包圍，與各個解決之戰術。

事實

孫子曰：「凡戰者以正合，以奇勝」。匪軍運用此一原則，
已產生一套在指揮上立於不敗之地之有利戰法，尋求劣勢中之優
勢，實行「以大吃小」、「大踏步前進，大踏步後退」，旨在先
切斷交通補給線，然後集中優勢兵力，迂迴將我點點包圍，而各
個解決之，且由於我過去政略之累，並宥於「佔領價值」而固
守名城要點，更予匪以「包圍點、切斷線、控制面」機會，試
觀下列戰例。

（一）東北諸戰

匪先以全力打下四平街及外圍據點，迂迴四平，孤立長
春，後以全力打下錦州及其外圍據點，迂迴錦州，孤立
瀋陽。

（二）平津之戰

匪先全力打下濟南、保定、張家口、天津及其他外圍各
小據點，即迂迴濟南、保定、張家口，包圍北平。

（三）徐蚌會戰

　　匪先下開封，後斷宿縣，迂迴巢州，再迂迴宿縣，包圍徐州。

　　觀上，可見匪無一次不實施以往慣技，際此反攻前夕，吾人對於匪之戰法，實應籌謀澈底有效對策運用於將來戰場，實為當務之急。

對策

（一）以動制動，放棄「佔領價值」觀念，集中強大機動兵力，爭取主動，求匪主力決戰，以達到「有生力量」之「殲滅價值」。

（二）以靜制動，聯防封鎖要點、要線，控制人力、物力，使匪處處受阻，活動困難。

（三）摒棄依賴連絡線之作戰觀念，加強精神教育，鍛鍊孤軍奮鬥至最後一人一彈。

（四）對於必須固守之點，儲備充足糧彈，注意水源，縱深配置，構築堅韌核心據點，嚴密陸空協同作戰方法。

（五）一般戰術方面，不可限於 37 年前大陸上之經驗，應以韓戰資料為基礎，作進一步之研究，以求及時獲得比匪更新之戰法。

二、匪對我軍鑽隙隔絕，先使陣地內之各部隊，彼此間各個隔離以後，再加以各個分別解決之戰術，應加研究實習及其對策。

事實

匪軍之鑽隙隔絕，各個解決之戰術，乃以運動戰為主，以游擊戰為輔，混合變化之戰法，進行此種戰法，非紀律嚴峻，攻擊精神旺盛之部隊不易做到，如對戰法保守，組織鬆弛之對手，收效必大。此種戰法最初以日軍於二次大戰時進攻東南亞使用於馬來亞森林地區，而啟其端，其後以流竄起家之匪軍廣泛襲用，成效亦著，其最初與最成功之一例，為 36 年 1 月 2 日黃昏，26A 魯南嶧棗之役，陳毅匪軍以主力（4CD、8CD、9CD、解 6D、解 8D）向我整 26D 卞莊、張家橋、馬莊陣地攻擊，一部（解 2D、119D）向傅山口我整 44B 太子堂陣地鑽隙隔絕，至 3 日晨，該旅傷亡過半，陣地陷落，旅長蔣修仁陣亡，致影響整 26D 整個陣地瓦解。

研究

（一）兵力及任務

匪軍鑽隙部隊之任務類似美軍所謂之「特遣隊」與日軍之支隊，但兵力伸縮之範圍則更為加大，最小可能為一加強步兵班，最大可能為一加強團，甚至為一個師，其派出之數目亦較多，惟不賦予確定之任務，其行動範圍比較一般游擊隊較有限制，以直協該派出部隊之正規戰為主。

（二）戰法

　　（韓戰經驗）匪軍此種戰法係以行動靈活輕裝部隊向我側翼或後方迂迴，或自間隙鑽入佔領我後方或側方要點，截斷後方連絡。此種鑽隙部隊，以多數重火器配屬於前，擔任前導，驅逐敵人，開闢道路，迅速向指定位置前進，中途雖遇敵人亦不輕易展開主力，而由前衛掩護，依然繼續向原目標前進。前衛部隊則輪番交替，使部隊前進毫無滯遲，到達目的，即猛攻佔領或於蔭蔽地阻止退卻之匪，或打擊其增援部隊，或自後方攻擊我之陣地。總之其目的在包圍敵人，分裂敵人之戰鬥組織，使我陣地內各部隊彼此隔離，再行各個分別解決之，而達成分別殲滅之效果。

對策

　　匪軍鑽隙戰術之特質，為機動敏捷，組織單一，行動飄忽，深入擴散，發展自如，但其各種條件之形成，有其先天弱點，即個人體力所限，必須輕裝簡攜，因之火力不足，給養短缺，故勢利在速戰，以期騷擾我之內部，打擊我作戰心理。吾人之對策應針對是項弱點：

（一）控制強大機動部隊，擔任掃蕩，務於匪立足未穩之際，迅速將其撲滅，使其他地面部隊仍專注於原定計畫任務，不為騷擾而錯亂其步驟。

（二）戰場側翼及陣地後方之任一點，須有隨時隔離遮斷之準備，使其萬一被鑽隙佔領，亦如船舶立對負創漏水之一室，立加封閉，使不致波及他處。

（三）對於鎖鑰點有被敵鑽隙奪取之虞，而其兵力非現有掃蕩隊所能驅逐時，應當機立斷，命毘鄰各地區部隊除以一部監

視當面之敵外，主力即向此點施行反包圍，一舉而殲滅，再恢復原來位置。

（四）講求通信連絡，祕匿指揮所，並注意廣正面之搜索警戒。

（五）加強堅韌戰鬥意志及獨立作戰能力之養成。

三、匪之反覆爭奪陣地之戰術。

事實

反覆爭奪陣地，本為一般陣地攻擊通常之手段，惟匪所異者，為驅無辜黎庶為人海作戰，擲無數男女老幼人民頭顱於一邱而不惜，故其反覆爭奪無有不勝者。我軍不忍出此，故勝算難操，且陣地之爭奪戰，為一種近逼戰鬥，其特質在於火力白刃與精神之綜合發揮，而匪表現於此者特為卓異，此無他，蓋除組織力與戰指員之控制外，其統一的戰鬥作風亦有以致之。如匪「戰鬥手冊」所謂「決心打了，就不顧一切，堅決的打下去」，所謂「猛打」、「猛衝」、「猛攻」之方法，匪軍各級指揮官，甚至士兵都能了解奉行，形成一整套體系，故匪不打則已，一打就猛，一打就狠，一打就硬，充分表現其反覆爭奪陣地，不達目的不休之作風。例如四平街會戰，林匪圍攻我七十一軍，對於每一重要陣地之反覆爭奪有四、五次之多。徐蚌會戰陳匪圍攻我第七兵團，在戰鬥進行至最後階段，對每一陣地之反覆爭奪竟達十餘次以上，陣前匪屍纍纍，血流成渠，惟匪不顧犧牲，必欲得之而後已。

對策

（一）灌注主義思想，提高幹部與士兵之革命精神，養成堅韌的戰鬥意志。

（二）連級以上之指揮官，應預定各種不同狀況，極力講求輕重
　　　火力之發揚，強調火海殺傷戰術，殲匪於我陣地前。

（三）加強近迫戰鬥訓練，排連長應熟讀並運用典令，養成獨立
　　　作戰精神。

（四）以迅速側背運動，閃擊匪之猛打，以陣地內逆襲，殲滅
　　　突進之匪軍。

　　總之匪以政治力量發揮戰鬥精神，而演成此型戰法，故我對
匪作戰，尤應以提高士氣，發揮革命精神，並確認技術為戰鬥之
基礎，戰術為戰略之基礎，而革命精神與攻擊精神又為一切之總
基礎也。

四、匪之近迫作業與臨時構築工事之快速及其工事式樣，皆應澈底研究。

事實

　　近迫作業主旨，在增大地形掩護，發揮火器效力，並使爾後
之攻擊能逐次推進，衝鋒準備位置之佔領容易。匪我過去裝備懸
殊，對接近我火網熾盛之陣地倍感困難，故特講求近迫作業。匪
軍之近迫作業，通常使用者為端末作業法，至一齊作業法甚少
施行。端末作業法，乃先以自動火器封鎖或利用夜暗掩護作業，
爾後即以一條甚至數十條之壕，向核心前進，近接後發出支壕，
直至我鐵絲網內，然後運動部隊發起衝鋒或潛行爆炸，其作業隊
區分為工作組、休息組，於壕內交互作業，避免我低伸彈道之危
害。當徐蚌會戰，匪軍圍困我軍，先在我陣地外圍相當距離掘壕
一道，爾後以多數直壕向核心迫近，再於直壕生出圓壕，圓壕生
出支壕，利用天候夜暗，逐步接近，逐次縮小包圍圈。又如 38

年淞滬作戰時，匪軍突襲月浦、楊行遭受重創後，即停滯我陣地前，利用河溝、麥田作掩護，構成攻擊陣地，爾後掘壕前進，由壕中運動兵力，並推進重武器，轟擊我碉堡，向我衝鋒。至工事式樣，但求前方、側方之積土確實與地形之適合，不拘於制式模樣，施工亦簡單。

對策

（一）隨時派小組兵力，大膽出擊，藉此可達搜索警戒擾亂之目的。

（二）澈底掃清射界，在我陣地之火制地帶甚至較遠距離，均應力使平坦，使匪不便接近。

（三）外壕設「壕底堡壘」，在我外壕底之角部，構築強固之機槍座，以坑道通入我陣地內，如匪以坑道進入我外壕時，即以壕底火力殲滅之。

五、封鎖戰（即掩蔽幕）之重要與研究。

事實

匪軍運用封鎖戰，將佔領區建立為滴水不漏之掩蔽幕，然後利用掩護，展開軍事行動，過去大陸匪軍每佔一地，即強制組織人民，不論男女老幼，一律予以軍事政治訓練，少壯者編為民兵，從事游擊，老弱者放哨站崗，擔任警戒，分別予以任務，使整個佔領區依照需要，組成一有機戰鬥體。

匪軍封鎖戰方式，不外二種：其一為將敵誘入掩蔽幕中，圍擊殲滅，即匪所謂「後退一步」戰法；其二為匪軍竄出掩蔽幕外，襲擊敵人，亦即匪軍所謂「奔襲」戰法。前者為匪軍劣勢時

期所用之戰法，後者為匪戰力發展至相當程度時所使用之戰法。總之匪實行封鎖戰之結果，不但其本身一切動靜不使外洩，即對我兩軍間，尤其被圍部隊與外間之消息，悉予絕對封鎖，使我如聾如瞎。如 36 年 2 月下旬，陳毅率主力由臨沂北上，迎擊我南進兵團，已經到達我軍側背，我猶絲毫不知。其他有關匪軍封鎖戰例，不勝枚舉，此不備述。

對策

一、我軍反攻登陸後，必須以本黨為中心，發揮政治、經濟、文化等各方面之高度鬥爭技術，先破壞匪之組織，然後樹立我佔領地方之嚴密堅強組織，以實行封鎖戰。

二、部隊向內地擴展，進入匪區，應由參二與政工人員合作，於行軍宿營及戰鬥各時期，因地制宜，隨機變化，實施封鎖戰，並須超過匪以往所用之方法，方可收效。

四、剿匪手本之剿匪要訣歌與共匪罪惡歌應再提倡練習，如有不合現時之處，可酌加修正。

歌乃抒情與言志，而導之以共鳴的自然工具，其詞曲之振靡，關係盛衰成敗，軍歌尤然，如漢之鐃歌，唐之破陣樂，元之蒙古歌，皆起激壯之音，大有助於當時的成功。項羽垓下之敗，實「四面楚歌」促其軍心瓦解，有以致之。

剿匪手本所載剿匪要訣歌與共匪罪惡歌，不但旨在激勵我軍之士氣，暴露共匪罪惡，且將對匪作戰各項技術與注意事項編成歌訣，促其嫻熟，體用兼備，洵屬要舉。惟原歌詞意與現時實況不無出入，先宜詳加研議，酌予修訂。謹略舉說明如下。

一、如首章乃過去專對朱毛奸匪叛亂時期所作之詞，故僅目為土匪，而數其為非作歹，其與目前實況，甘為帝俄鷹犬，出賣國家，自毀民族，以種種殘酷手段殺害同胞而滿足帝俄需求之滔天大罪行，實有出入。

二、第一訓練歌至第六戰術歌，為過去對匪圍剿時期之戰術思想，與我反攻大陸之軍事形態及戰術思想，實不相同。如第四防禦歌所舉守據點、守城鎮等思想，實難期合未來實況，似應俟第三廳所編之各種戰法定稿後，再行據作改訂。

三、軍紀歌，至宜將自動、自覺、自治的意義及克難精神充實於歌詞之中，使形式與實質得以配合，且其中如「不許吸煙」一句，事實上無法做到，可以刪除。

四、剿匪要訣歌，除首章、結章及軍紀歌外，其餘各章均不適於海空軍實況，宜就其需要，酌予增訂。

五、歌詞似嫌冗長，不夠生動，且嫌深奧，宜由總政治部召集有
　　關單位，邀請專門人員從新研究編訂，其原則略舉如下：

（1）要有反共抗俄的政治意識。

（2）要發揮革命精神、歌頌革命領袖的偉大、國軍的堅強和反
　　　共游擊隊的英勇。

（3）是生活實踐的縮影，要表揚克難精神和軍民合作。

（4）培養道德，啟發創造嫻熟技術，克敵制勝。

（5）利用歌曲，對匪心理作戰以瓦解匪軍士氣。

（6）各項軍事技術與注意事項要簡明扼要，容易體會。

（7）全部歌詞要通俗順口，容易記憶和了解。

【剿匪要訣歌】

剿匪要訣歌（總篇匪害一共）

前章　赤匪萬惡

赤匪萬惡真心備，假情共產騙農工，
只有國平滅土匪，那有土地會祖宗。

1　庭滅祖
3　共消眼　　5　默道平
5　惜根苦　　6　將生命。
6　飯串釘　　4　如滅車　　1　宗功歌

第一　剿練歌

剿練會共勤，鍛練體力要認真，每日起來學畢事，每一次練好技能。

古時走行百里零，朝山過水不辭行，挑擔築路在分爭，人人要習好技能。

父母生你本為勞，何苦跟他去迷然，我們國民革命軍，要來勤造趕匪軍。

脫寬襄跳八尺零，偏擋起家趕匪窩，越凍越精無越壯，百戰百勝成英豪。

夜間演習練得好，偏擋起家趕匪窩，越凍越精無越壯，百戰百勝成英豪。

第二　行軍歌

第二行軍要分班，各開隊立要紀律，伙食擔子走中間，
前後聲明性聲明，庄隊店中間前進，四面庭庭要開心。

每日先走二十里，一發得細望，遇有路隊探伏注，還有庭探伏注。

尖兵搜偵探火照兵，行李騎馬要勇敢，偵探一臺要開心。

第三　宿營歌

第三宿營要小心，周圍地形須查明，那是緊要志要處，那是深林當防守，作彈地當防守。

抗拒高洞四通，更坊封明起四處，飲水食物防中毒，炸彈地防宵守。

周圍挖些好茅坑，見揚振火夾亂紫，交通要隊多派明，昨時要成要提氣。

嚴防追方所開探，探代庄實與奇正，就乘月用打巧計，進退要守開一定。

彈開槍聲夾雜身，在開有聲靜靜，假追匪未夾襲，隱扎挽打夾作伴。

第四　防禦歌

第四防禦要隨便，隊伍工事必合度，若守城要加當堅，善用偽聲似笑魔。

城那外面設側防，節省兵力要儲裕，不進山嶺備嚴側，不怕追方要擔性。

節省子彈英浪費，跑到遠射勁力撥，待匪接近二百米，而欲百中更容易。

準使如連列外遠透，榴彈待手一齊施，出擊如真把握，因守陣地且待機。

第五　攻擊歌

第五攻擊要隨便，遠東方向求利便，打匪不要打正面，變換偵防功立見。

敵深配備為原則，要留勁旅好應變，一靠友軍聯合作，獨立專行制勝先。

預四狀兵達妙計，待傷到掀倒兩，各那斯用預備隊，乃宜早期光出現。

關到發後五分鐘，乃接再屬如雷電，令人妃傷如雷電，受傷不退退敵肭。

我有妃傷不必驚，獻人妃傷重十分，胆肭堅持拥到底，雄來最後待勝軍。

第六　戰術歌

第六打狀要細思，出隊要分五人叉，中開一叉且堅住，左右兩叉先出去。

另把一叉攻狀兵，再有一叉攻狀上，圍長位置要瞭望，看他那邊是官長。

自他那邊來來路，看他那邊是去向，看他那邊是伏兵，看他那個是官長。

她放槍來我妃放，初若來來我妃動，持妃掀勇再接伏。

越西要陰陽善陽，初支妃時如老虎，越打越強似老虎。

打敵賦唯四山逃，追賦亲從山邊過，逢強達山撥理狀。

打敵賦唯四山逃，逢達達山撥理狀。

第七　平妃歌

第七軍妃要嚴明，節制支師怠神欽，平中命脈即在此，鐵的妃律不洞情。

拉天第一要嚴集，強佃民為乃力打，遵守種法德統令，妃律為重命為輕。

此當師營要盡效，每週毎月要查故，不許放槍與嘴博，不許唱營大嘴尊。

春逆揚採定要紀，唱英偉令算採左，共伏朝晚時點名，保我軍譽保國家。

第八　平妃歌

第軍品要整清，各人样羡美氣廠，槍服翅如要定桐，掃地品物防遺害。

工作為具須嚴記，枯妃諳抹喜乾凈，竹軍出狀前一時，補地品物防遺害。

士兵如何算得備，愛惜手彈如生命，一個手彈破個跪，三個手彈足修拱。

純索府捏無射線，隨時愛護董住存，愛護公物如私物，有備無患保媽腸。

結尾　共同歌

劉進要缺共八條，我今劉切吉同胞，官兵熟唱能做到，劉進立功在今銅。

小性地美存養懼，大勝地英盛騎飲，國肉共追早肅清，統一建國享天平。

五、37 年 12 月 24 日，陳章自決，壯烈犧牲，泰然自得之情形，應與黃百韜將軍之殉節，特別詳記。

事實

陳章將軍之殉節經過

〔據另說匪方廣播稱陳章被俘，此說何來，應查明。〕

37 年冬，徐蚌會戰時，7CA 黃百韜於 11 月 8 日奉命由新安鎮向運河以西地區轉進，以 63A 陳章部擔任掩護。9 日該軍行抵窰灣渡河時，遭匪陳毅部 2CD、9CD、12CD 等三個縱隊之包圍截擊，其已渡河之先頭兩個營傷亡慘重，經數日激戰，斃匪萬餘。11 日該軍奉黃兵團部電令：「在運河以東，匪後機動作戰」，即擬向沭陽、新安鎮方面突圍，在匪後執行機動作戰任務。第以傷殘官兵眾多，不能隨軍行動，衷心至為不忍，當即手令部屬謂：「我軍為主義而犧牲，為完成國民革命而作戰，無論匪軍軍民應以人道待遇，不能加以殺害」。其後又奉兵團部電令：「著死守待援」。乃召集各部隊長及政工人員，轉令全體官兵，「固守陣地，戰至最後一人」，並由政工人員，負責督戰，迄窰灣北門及小東門被匪突破，復親率軍部直屬部隊向東門方向逆襲，苦戰至 12 日，終以眾寡懸殊，傷亡慘重，彈盡援絕，情勢危殆，無可挽救，即飭屬將所有武器裝具投入河中，免為匪用。其本人則以不成功便成仁之決心，從容自戕，壯烈殉國，氣壯山河，實足為我革命軍人之楷模也。

黃百韜將軍之殉節經過

37 年國軍東北失利，華北局勢逆轉，濟南亦以吳化文叛變

而棄守，是以匪陳毅部之兵力與態勢，頓形有利，對我以徐州為核心之蘇魯豫皖地區之國軍有迫求決戰，進而窺視首都之勢。益以匪劉伯承部由黃泛區南下，與匪陳賡部威脅我津浦路之西側，國軍為集中兵力，準備在徐蚌地區與匪決戰，乃先後撤退隴海路東西沿線各零星據點之守備部隊，向徐州集中。

11月8日我7CA（25A、44A、63A、64A、100A）黃百韜部奉命由新安鎮向運河西岸地區轉進，該兵團即以63A陳章部擔任左側背之掩護，主力向西移動，行至碾莊附近，遭受陳毅匪部之截擊，當以碾莊為核心，構成環形配備，予匪以痛擊。最初匪以七個縱隊進犯，嗣又陸續增調至十三個縱隊，兵力約二十餘萬人，將我軍整個包圍。黃司令官沉著鎮定，指揮作戰，匪未得逞，復又抽調兵力集中砲火猛攻，我官兵視死如歸，前仆後繼，愈戰愈勇，陣地失而復得者數次，戰況之烈得未曾有，真可驚天地而泣鬼神。20日晚，匪復以猛烈砲火向我陣地砲擊萬餘發，我為避免重大犧牲，於21日撤出碾莊，安全轉移至大院上、三里莊、學莊、沙墩、小費莊、尤家湖等據點，仍與匪苦戰中。22日我軍陣地幾完全為匪砲火所摧毀，且彈盡糧絕，無力再行扭轉戰局。黃司令官遂於晚率64A殘部約三個團之兵力向西突圍，尚能與東進增援之2CA、13CA兩兵團會師，惟以所部於突圍途中傷亡殆盡，行至吳莊西北時，環顧左右，僅餘業已負傷之楊副軍長廷宴一人隨護，知勢已不可為，乃慨然曰：「余深受黨國重寄，轉戰南北，本期滅此朝食平亂救民，今力盡援絕，事與願違，身為革命軍人，決以一死報國，方無負總統之知遇，無愧死難之弟兄」，同時並書「民國三十七年十一月二十二日第七兵團司令官黃百韜盡忠報國」數十字，交與楊副軍長，即舉槍自擊頭部，壯烈殉國。楊副軍長領受遺命後，即買通當地居

民予以埋葬，另暗立記號，以資識別，間關抵京，派員將其忠骸運回，安葬於西子湖畔，誠可謂「青山有幸埋忠骨，正氣長留在人間」。

又民國 37 年 4 月 13 日，黃將軍由前方來南京參加軍事會議，曾與與會者某談前方戰事，曾說：「軍人盡其在我，不成功便成仁」，某則以為軍人於就職時應在「如有違誤，願受本黨最嚴屬之處分」下加添兩句：「並自行切腹，以謝黨國」，黃甚為贊同。又說「曾文正的事業，實基於『以死報國』的決心」，可見黃將軍之殉節，實早有決心也。

〔此某為誰，查明。〕

意見

一、黃司令官、陳章軍長壯烈殉國，從容自戕，成仁取義，正氣凜然，實足寒敵膽而勵士氣，為剿匪戰史上寫成光榮燦爛之一頁。蓋以革命軍人，當生死最後關頭，不虧大節，浩然捐軀，固屬理所當為，然非有大仁大勇之精神與高尚完美之志節者，曷克臻此。陳、黃兩將軍之殉國心地，何等光明，行動何等偉烈，尤當大局動盪，民心士氣步入低潮之時，而高級將領能以正氣為天下倡，以忠義為後世法，其死乃重於泰山，死亦何憾。惟當時部隊，若能絕對服從指揮，仰體指揮官之決心與意圖，忠勇效命，則陳、黃兩將軍仍有可以不死而繼續殺敵報國之機會，此則今日所應詳細檢討，以作軍隊寶貴之教訓者也。

二、此次徐東會戰，戰略上失敗多於戰術，戰術上失敗多於戰鬥，換言之，即部隊愈小，過失愈少，至一般中下級官及士兵，可謂盡到最大之努力。

三、黃兵團向運河西岸地區轉進時，對渡河問題，事前未盡妥善
　　處理，致大軍及東海撤出之難民均蝟集於運河鐵橋附近，遭
　　匪襲擊，頓呈混亂狀態，使大軍行動遭受困難。

四、黃百韜兵團向運河以西轉進時，適馮治安部守備運河部隊叛
　　變，運河、不老河全行開放，匪軍得以迅速集中南下，參加
　　作戰，使黃部陷於四面受敵之境，且因此徐州剿匪總部頓感
　　徐州東北面防務堪虞，未能即時抽兵策應黃部作戰，致遭匪
　　先對我黃兵團各個擊破。

五、東海部隊 44A 撤退失之過遲，致黃兵團因須掩護其轉進而
　　遭匪軍乘隙攻擊。

六、邱清泉兵團東進增援遲緩，不能如期達成任務，致使黃兵團
　　孤軍苦戰，陷於絕境。

七、陳軍長章所指揮之 63A 在窰灣被圍時，近在睢寧之 107A 竟
　　不知主動予以應援，殊為失策。

八、曾文正公言：「為將在以救大局識大體為主」，我將領多昧此
　　義，而只及顧自身利益，致全局蒙受損害。

六、37 年 10 月 11 日 — 17 日，錦西增援部隊被匪阻於塔山之線退回錦西，碾莊黃百韜兵團與邱清泉東進增援部隊不能打通匪軍阻隔我軍之情形（37 年 11 月 14 日以後）。

事實

一、東北匪林彪部自 37 年 9 月 23 日起，對錦州發動攻勢，守軍范漢傑率 93A（欠 T20D）、N8A 及 184D 等奮勇抵抗。10 月 1 日，錦州機場已感受匪砲火之威脅不能使用。8 日匪 7CD、8CD、9CD 及 3CD 之一部在砲火掩護下，向錦州猛攻，展開激烈戰鬥。13、14 兩日匪軍攻勢益猛，城郊各據點相繼陷匪，迄 15 日夜，該地情況不明。當錦州戰起，先後由闕漢騫、侯鏡如等指揮之東進兵團 54A 等部，以錦西為基地，東進馳援。10 日推進至塔山，被阻折返，迨 62A、92A 陸續船運葫蘆島登陸，繼續東進增援，雖於 14 日突入塔山與匪激戰，但因部署欠當，未能排除障礙，衝過塔山、高橋兩地，達成增援任務，至我西進兵團 71A、80A、83A、89A 亦於西進途中被阻於彰武、黑山間，致錦州守軍陷於孤立，全部犧牲。

二、37 年 11 月 9 日，黃百韜兵團（44A、25A、63A、64A、100A）向運河西岸撤退，10 日至碾莊時，被匪阻擊包圍，奉命固守碾莊。該兵團所屬之 63A 由新安鎮經過窰灣西進時，亦被包圍，激戰至 13 日，被匪全部殲滅，黃部自是即以碾莊為核心，以 44A 在南、100A 在西、64A 在東、25A 在北，形成環狀配備，當遭匪 4CD、6CD、7CD、9CD、11CD、13CD、兩廣 CD 及淮海 BS 等部之渡河猛攻，激戰至 15 日

夜，傷亡慘重，仍未能將匪擊退。18 日 44A、100A 傷亡大半，碾莊外圍據點亦次第陷落，因地區狹小空投不易，黃部之命運至此已陷於絕境。20 日碾莊亦陷，黃司令官率殘部轉移至碾莊東北之大小院上、小費莊等村落繼續苦戰，當黃兵團之被圍也。徐州劉總以邱清泉兵團（5A、70A、74A、12A）與李彌兵團（8A、9A）東進馳援。11 月 11 日自徐州東側沿不老河與隴海路中間地區（李部在左、邱部在右）齊頭併進，向東攻擊以解黃部之圍。匪以 1CD、2CD、8CD、10CD、12CD、N8CD 等部，藉堅固之縱深工事據守頑抗，寸土必爭，使我援軍進展困難，以達其遲滯解圍之目的。22 日，雖已進至距碾莊約十餘公里處之東灘頭、韓莊等地，而黃部則已全部壯烈犧牲矣。是役黃司令官自殺殉國。

意見

一、此役我軍將領對「為將須以救大局識大體為主」之修養不夠，因多顧自身利害，致匪得間各個擊破，而使全局蒙受損害。

二、指揮官缺乏旺盛之企圖心與高度責任感，只求自全自保，不肯犧牲實力。

三、彼此間缺乏團結互助精神，同舟共濟之美德，同時軍令不嚴，徘徊不前，遇阻即隔，見匪必停。

四、當時各增援兵團均未能實施鑽隙滲透，放膽行動，乃為失敗之一因。此際若能以有力部隊，溢出匪軍兩翼之外，或以小部隊鑽透敵陣，一意向任務邁進，必能使戰局改觀也。

五、任意藉口遂行任務困難，如缺乏糧彈等，須行補充，遲疑不前。

六、要求空軍協同，意存依賴，藉以推責諉過，掩飾本身增援
　　不力。

錦州方面

七、錦葫東進兵團被阻於塔山、高橋，使匪得以全力攻陷錦州，
　　其原因為東進兵團部署欠當，指揮官未能以慧眼洞察機微，
　　窺破匪軍阻援打點之企圖，當機立斷，改由北寧路西側山地
　　放膽鑽隙，以迂為直，直趨虹羅峴，以拊錦州之側背，迫匪
　　分兵兩面作戰，則錦州之圍可自解。如匪不顧後路之安全，
　　仍一味圍攻錦州，則我出其所不趨，趨其所不意，使匪不知
　　其所守，運用統合戰力，以衝其虛，迫匪不得不分兵應戰，
　　錦州壓力當可減輕。無如指揮呆笨，竟置重兵沿北寧路正面
　　對塔山堅固陣地行硬抌攻擊，損兵折將，卒致被阻，未能達
　　成解圍錦州之任務，遂開遼西戰敗之端。

八、臨陣更調將領為兵家之大忌，而東進援軍於三週之內竟更調
　　將領達四次之多，計最初為闕漢騫，次侯鏡如，再次陳鐵，
　　最後杜聿明，尤其當闕漢騫率部越過塔山以西地區時，因指
　　揮官之更調，復又退回重新部署，使匪得從容堵塞進路，同
　　時侯、陳等又不明瞭部隊之性能與素質，致失良機，迨杜趕
　　赴葫蘆島，則勢已成無法挽救矣。

〔此非當時事實，應研究當時撤換闕漢騫之原因何在。〕

九、西進赴援之廖兵團於 10 月中旬即已達到彰武、黑山、打虎
　　山之線，但心存畏縮，對上級賦予之任務，奉行不力，停留
　　達十日之久，坐待匪軍包圍攻擊。當時如能排除萬難，直趨
　　錦州，縱不能穩操勝算，亦可牽制匪軍立於不敗之地，惜未
　　出此，良可嘆也。

十、三軍未能密切協同，以發揮三軍之統合戰力。

十一、海軍雖曾以重慶艦於葫蘆島北側支援作戰，但因不明塔山附近之兵誌，雖匪據點工事均在射程以內，亦不能命中而浪費彈藥。

碾莊方面

十二、高級部隊長間，意見分歧，遲疑不決，且平時感情隔閡，戰時自難期其協同，雖然友軍被圍，危急萬分，亦不以為念。

十三、匪在鐵路兩側村落構築堅強工事，作廣大縱深之配備，以遏阻我軍東進赴援。若我當時能把握時機，在其阻援部署及構築之工事尚未完成之際，乘夜鑽隙突進，當可於一夜之間直趨碾莊匪軍之背側，則黃兵團之圍可解。又大軍作戰尤重時間、空間之爭取，而戰場指揮官未慮及此，遲疑不決，毫無作為，同時援軍攻抵大許家時，黃兵團未能適時出擊，以策應作戰，亦為赴援受阻不能打通原因之一。

十四、當時徐州四面受敵，邱兵團既須確保要地，又須東進馳援，是以兵力未能集中使用，亦為被阻原因之一。

十五、軍隊風氣敗壞，戰鬥意志消沉，同時更缺乏夜戰訓練。

十六、坦克、砲兵未能發揮其應有之威力。

十七、空軍雖日夜更番出動，予匪以打擊，然分由徐州與南京兩個指揮系統，指揮作戰，不能適切時機與澈底形成重點，亦未始非失敗之原因也。

七、共匪的伏兵戰、突擊戰、游擊戰、截擊戰、夜戰、爆擊戰、封鎖消息戰等戰法之性質及其對策，應澈底講求。

伏兵戰

一、 性質

　　預在我軍行進路之遠側方潛伏兵力，以俟我軍到達，或誘我軍入其預為佈置兵力之地區，以出我意表而行襲擊，或對我軍情況已確切明瞭，於我疲勞後休息、進食前後，夜間突然向我包圍攻擊。

二、 對策

　　1. 保持我行、駐軍間之祕密。

　　2. 嚴密搜索警戒〔與廣正面、遠距離之搜索〕。

　　3. 對敵情地形確實研究，免遭伏擊。

　　4. 相機變換位置，轉移我軍為外線，適時予以反擊。

　　5. 保持展開之自由，以備隨時向任何方向展開攻擊。

　　6. 實行反伏兵戰。

〔反伏兵戰應舉例詳述。〕

突擊戰

一、 性質

　　乘我駐軍疏忽或不備，集中優勢兵力，以急行軍施行猛烈奇襲，傾全力分波突擊，前仆後繼，不顧傷亡，於瞬間施行殲滅戰。

二、 對策

　　1. 嚴密組織民眾，建立情報網，期早獲得情報。

2. 嚴密警戒，形成週密之警戒幕。

3. 堅強工事，綿密戒備。

4. 誘匪來襲，我主力行兩翼包抄，粉碎匪之突擊。

5. 於夜間變換位置，避匪突擊，適時予以反擊。

6. 凡友軍遭襲，應適時增援，或向匪後方突擊。

游擊戰

一、性質

利用地方，控制地方，得時地之相宜，壯大其力量，並以薄弱之兵力，輕裝流竄，避實就虛，牽制襲擊，擾亂破壞我軍。

二、對策

1. 加強心理作戰，瓦解匪之民心士氣。

2. 加強民眾組訓，培養地方自衛武力。

3. 加強諜報工作，偵察其行動。

4. 封鎖游擊區，斷其資源，使其無法生存。

5. 在戰術上要以靜制動，以拙制巧，以實擊虛。

截擊戰

一、性質

匪乘我軍進剿或敗退時，調動其主力，猛烈襲擊我之側背，或切斷我之歸路。

二、對策

1. 廣行遠距離搜索。

2. 派遣有力斥侯。

3. 加強側衛及後衛兵力。

4. 以截擊對截擊。

夜戰

一、 性質

以週密之偵察與準備，乘我夜間靜止狀態後，衝入我陣地或宿營地，使我彼此隔絕，然後以人海戰術，連續突擊，直至我軍彈盡被殲為止。

二、 對策

1. 加強夜戰教育。

2. 利用民眾便探，構成警戒幕，加強警戒，封鎖消息。

3. 派出游擊小組，形成觸鬚作用，俾能即時獲得匪情。

4. 夜間變更位置，俟敵來襲撲空，以利我之反擊。

5. 利用環形戰法，保持指揮機構於中軍，以備四面應戰。

6. 判斷匪如來襲，我將處於不利地位時，可迅速轉移他方，以求得新之優越態勢，而行次晨之戰鬥。

爆擊戰

一、 性質

利用地下人員，以各種手段滲入潛伏我軍內部，相機與外援呼應，行突然之爆擊戰。

二、 對策

1. 加強軍中防諜組織。

2. 加強地方民眾組織，構成廣遠之民眾警戒網。

3. 行軍時派遣必要之掃雷組，對可能敷設地雷及炸藥區域澈底偵掃。

4. 攻擊時對匪陣地前線佈雷，可使用砲兵時行地區射擊，以行掃除。

5. 防禦時凡容易接近我軍陣地乾溝凹道，予以澈底封鎖，

使敵爆破手無法接近。

封鎖消息戰

一、性質

利用組織力量，對我決戰地區之遠前方，構成掩蔽幕，嚴密封鎖消息，並搜索我軍之情況，以配合作戰。

二、對策

1. 利用民眾偽裝，刺探匪情。

2. 利用間諜滲入，破其封鎖。

3. 利用威力搜索，窺探虛實。

〔伏兵戰、突擊戰等各種戰法，應引剿匪各戰役中之實例，各舉一、二戰役經過以示之。〕

八、共匪戰術之條目：甲、一點，乙、二面，丙、三猛，丁、退一步（口袋戰術），戊、封鎖消息，己、跟蹤高級司令部，庚、專射官長，辛、突擊司令部所在地，壬、伏兵與截腰，癸、以大吃小，子、祕密接近，丑、行動快速，寅、聲東擊西，卯、間諜之離間造謠惑眾。

　　共匪以流寇式游擊戰術起家，而其幹部素質遠不如國軍之甚，然匪能針對其現實，用深入淺出之簡明用語，將戰術上各項原則提出通俗具體條目，使其幹部容易領悟，因而統一戰術思想，造成軍事上之畸形勝利。茲特將匪各種慣用戰術條目分別研究之。

甲、一點

　　所謂一點，即對主攻方面澈底形成攻擊重點，並施用波浪式人海戰術，行縱深突貫之謂。

戰例：

　　37 年 6 月匪集中九個縱隊兵力，向我承德 13A 連續攻擊。36 年 5 月孟良崮之役，匪以四個縱隊兵力向我整 74D 萬泉山、桃墟北側高地猛攻。

對策：

1. 集中兵力機動控置，採取主動，以攻勢行動催破其攻擊計劃。
2. 加強據點配置，嚴密火網組織，相互支援，並採取縱深配備，以對敵之縱深突貫。

乙、二面

所謂二面，除重點方面另有一面（或多面）施行夾擊或圍攻之謂。

戰例：

36 年 5 月孟良崮之役匪以四個縱隊兵力向萬泉山及桃墟北側高地猛攻，我整 74D 撤至孟良崮以北地區時，因垛莊方面配備極弱，輕易被匪攻陷，致陷於孤懸。

對策：

1. 控制有力機動部隊於適當地點，以資策應作戰。
2. 適時對敵一翼（或兩翼）施行反包圍。
3. 窺破戰機，斷然以有力部隊向敵正面（或側面）實行攻擊，奏功後即迅速轉移兵力攻擊其另一翼。

丙、三猛

所謂三猛，即（一）與敵戰鬥則猛打，（二）向敵攻擊則猛衝，（三）敵軍退卻則猛追之謂。

戰例：

35 年 9 月大黃集之役，我整 3D 解考城之圍，於攻佔大黃集後，遭匪約四個縱隊兵力向該師正面猛攻，該師以孤軍深入，不得已向大李岩轉進後，復遭匪包圍攻擊。

對策：

1. 穩扎穩打沉著固守。
2. 加強據點配置，嚴密火網組織，適時採取攻勢作戰。
3. 講求伏擊及擾亂破壞等行動，以阻礙敵之進擊。

丁、退一步（口袋戰術）

所謂口袋戰術，即誘敵深入遮斷其連絡線，將敵包圍殲滅之謂（後退殲滅戰）。

戰例：

36 年 9 月楊家杖子之役，我 49A 由錦縣向楊家杖子側擊，比經江家屯，匪節節佯退並無激戰，至楊家杖子即遭匪四個旅主力包圍攻擊

對策：

1. 對敵情地形須多加研究，如當面之敵未被擊潰而撤退時，特應提高警覺，充分搜索，勿為敵人所誘。

2. 如在戰鬥中發現本身已處於口袋中時，則應採取斷然手段，擊潰其口袋之一外翼，或貫穿其袋底。

〔此可多舉幾個例子，自江西剿匪至徐蚌會戰間各戰役，為口袋戰術致敗者盡量舉述。〕

戊、封鎖消息

所謂封鎖消息，即利用民兵及其他各種地方組織等，逐線嚴密封鎖，構成數層掩蔽幕，以祕匿其企圖行動之謂。

戰例：

35 年匪於遼西徵糧甚急，而在舊門一帶嚴密封鎖交通，以從事其作戰準備，又如延安會戰之前，匪軍於陝北有所謂東西線堡之稱，即係封鎖戰之例。

對策：

1. 編組機動力強之若干突擊小組或搜索部隊實施突擊，捕獲匪幹及其他地方幹部，或鹵獲文件，以蒐集情報。

2. 編組運用外圍民眾以傳遞情報。

3. 加強我軍情報之封鎖，使敵處於盲動地位。

己、跟蹤高級司令部

所謂跟蹤高級司令部，即利用內間坐探，或留置諜報，偵悉高級指揮部之行動而跟蹤之，以竊取情報之謂。

例如：

大陸剿匪作戰，我一般高級指揮部常住高樓大廈，目標暴露，不知隱蔽及注意保防，易為匪軍偵知與滲透襲擊，反觀共匪在大陸與我軍作戰時，其高級指揮部多離開城市而在鄉村隱蔽地方，並採用封鎖消息之辦法，使我軍無法偵知其位置。例如劉匪伯承之指揮部均離開城市，或在其附近之交通要道，另設偽裝之指揮所，以炫惑我軍耳目。

對策：

1. 高級指揮部避免駐紮城市或顯著房舍。
2. 高級指揮官之服裝舉措應與士兵一致。
3. 嚴密警戒封鎖消息。
4. 車輛及電話線路力求偽裝。

庚、專射官長

所謂專射官長，即於戰鬥間以狙擊手對敵指揮官行狙擊射擊，以擾亂其指揮系統，動搖其部隊鬥志之謂。

例如：

前整 74D 師長張靈甫，每於作戰命令下達後，即率領幕僚人員赴第一線立於高地，人員、車輛、馬匹集於一處，目標顯著，每次均為匪自動火器猝然集中射擊之目標。

對策：

1. 講求偽裝與祕匿行動，勿為匪發現目標。

2. 指揮官服裝形態應與士兵一致。

3. 培養狙擊手以對付敵人指揮官。

辛、突擊司令部所在地

　　所謂突擊司令部所在地，即以小部隊滲透，對司令部突然襲擊，以打破其指揮中樞，陷其部隊於紊亂之謂。

戰例：

　　32 年匪新四軍 6D 進踞宜興、長興間山嶺地帶，我 62D 及 52D 之一團與地方部隊兩團合力進剿，匪彈藥奇缺，節節敗退，並燒燬輜重，此時我進剿部隊以為匪無力反擊而警戒疏忽，匪乃一團兵力於深夜間道下山突入司令部所在地，全軍潰亂，整個進剿計劃隨被粉碎。

對策：

1. 加強駐地警備，司令部人員應施行戰鬥編組，俾一旦被敵襲擊，立能應戰。

2. 養成各級部隊各自為戰之能力，即使司令部因受匪襲擊而一時連絡中斷，仍應努力達成其任務。

3. 嚴行保密，使匪無從偵知司令部所在地。

4. 確定各級代理人權責以應付意外事件。

壬、伏兵與截腰

　　所謂伏兵與截腰，即在預期敵必經道路之一側或兩側〔遠距離處〕設伏，俟敵經過時，猝然施行襲擊其指揮組織，以打亂其指揮系統之謂。

戰例：

　　36 年 2 月萊蕪之役，我整 64D 向吐絲口之轉進，與由博山南下之 77D 均遭匪伏擊，傷亡慘重。

對策：

1. 在部隊未出發之前應祕匿我之企圖行動，並將敵情地形詳加研判。

2. 部隊凡經過可能遭遇敵人伏擊之地點時，應行廣正面搜索並以小部隊佔領要地以行掩護之。

3. 遭受襲擊之部隊，應果敢沉著，向敵反擊，以求穩定戰場，未遭受襲擊之部隊，應迅速斷然向敵側背攻擊，以粉碎其伏擊企圖。

癸、以大吃小

　　所謂以大吃小，即乘敵兵力在分散狀態之際，選定其某一部隊為攻擊對象，澈底集中兵力，對敵包圍殲滅之謂。

戰例：

　　36 年 5 月孟良崮之役，我整 74D 之被圍殲，及徐蚌會戰碾莊之役我黃百韜兵團之被圍攻，皆為最明顯之例證。

對策：

1. 掌理主動支配戰場，使匪無從施其技倆。

2. 行軍間應講求嚴密之搜索，宿營時應即構築工事，形成據點，使匪不能於預期之時間解決戰局，而我反可拘束匪主力，以待我打擊部隊之到達而反擊之。

3. 被優勢匪軍襲擊時，在妨礙任務之遂行時，應儘可能向我主力方向靠近，以資互為犄角。

4. 我增援部隊應避免與阻撓匪軍膠著，迅速果敢解圍。

5. 預期有轉進之必要時，應相機控制一走廊地帶，以利爾後行動。

子、祕密接近

所謂祕密接近，即部隊集結與行動，皆在嚴密封鎖消息之下而祕密接近，突然襲擊之謂。

戰例：

36 年 1 月陳毅匪部在歐震兵團壓迫下，由蘇北退入魯南後，即與我失去接觸，致使歐震等兵團正在遲疑徘徊時，而陳匪突以內線作戰姿態出現，先後擊破我嶧棗及南進等兵團。

對策：

1. 嚴密搜索警戒，並時時與敵保持接觸，使敵不能脫離戰場。
2. 組織民眾建立情報網，以偵察匪之動向。
3. 預期敵可能進襲之要道，設立伏擊小組。
4. 熟練夜戰動作，以掌握夜間主動權。

丑、行動快速

所謂行動快速，即以快速流動、輕裝遠奔之方式，出沒無常，使敵疲於奔命，有時作面的流竄，廣泛滋擾，以擾亂襲擊敵人之謂。

戰例：

36 年 4 月我整 72D 在泰安遭優勢匪軍奔襲圍攻；35、36 年劉匪伯承竄擾魯西及大別山等地，皆為最明顯之例證。

對策：

1. 嚴密搜索警戒，並時時提高警覺，加強戰備。
2. 增強機動力及行軍力。
3. 組織民眾建立情報網，以偵察匪之動向。

4. 組建民眾武力，加強地方自衛能力。

寅、聲東擊西：

所謂聲東擊西，即利用一部兵力在他方面施行伴動竄擾，以炫耀敵軍耳目，而集中主力向另一目標施行猛襲之謂。

戰例：

36 年匪在平、津、保三角地區對我 16A 發動夏季攻勢時，即先擾滄、青，後撲徐、固。

對策：

1. 部隊應提高警覺，對匪企圖行動，須有正確之判斷。
2. 各級部隊報告匪情時，不可虛飾妄報，應察出匪軍之真實行動，以供上級指揮官之判斷。
3. 搜索與偵察宜深入敵方。

卯、間諜之離間造謠惑眾

所謂離間與造謠，即利用各種滲透方式，以刺探敵方軍情，並運用各種挑撥離間造謠惑眾之手段，瓦解敵方軍心之謂。

戰例：

38 年 4 月匪軍渡江時策動 45A 軍長王晏清與江陰要塞司令戴戎光等之叛變。

對策：

1. 加強組織增進團結。
2. 肅清匪諜。
3. 根究謠言來源，並適時闢謠。
4. 運用反間諜戰。

結論

　　研究共匪慣用戰法及其對策，固為克敵致果之有效手段，然不免仍有追隨敵人行動之嫌。國軍將來反攻大陸，在能主動積極的主宰戰場取敵之長去敵之短，以子之矛制子之盾，庶幾致人而不致於人，方能穩操勝利左券。

九、剿匪戰術，以多（集中兵力）、快（加強運動）、精（訓練專長）、實（綜核名實戒除虛浮）四字為行動之要領（37 年 2 月 11 日）。

過去剿匪，致敗之原因雖多，然就純軍事觀點分析之，我各級部隊未能做到「多」、「快」、「精」、「實」四字，誠為無可諱言之過失。故爾後應以「多」、「快」、「精」、「實」四字為剿匪戰術之行動要領，茲分別研究之。

一、「多」（集中兵力）

所謂多者，並非全面優勢之謂，乃在澈底集中可期必勝之兵力於決戰方面，以殲滅敵之有生力量為目的，即在敵眾我寡兵力較劣勢之際，各級指揮官亦應力求局部之絕對優勢，形成以兵力及火力包圍敵人。孫子曰：「十則圍之，五則攻之」，即以眾克寡，以大吃小之意。

二、「快」（加強運動力）

所謂快者，即發揮部隊高度之機動性，於我所望之時間地點，迅速加入作戰之謂。為達到此種要求，必須：
（一）指揮官有旺盛之企圖心，爭取主動。
（二）善於運用各種運輸工具。
（三）在道路困難之情形下，有賴於部隊之輕裝及部隊本身之行軍力，此行軍力應於平時加強訓練之。

三、「精」（訓練專長）

語云：兵貴精不在多，即質量勝數量之要義。近代軍隊日

趨科學化，業務複雜，兵器繁多，欲使十八般兵器件件皆通，勢必件件皆鬆，故必分科分門訓練，使人各有專長，對本身所負之任務十分精通，不但個人為然，即某一部隊，為期勝任某種戰鬥計，亦有施以特種專精訓練之必要。美國軍人之專長分類任職，歐美編訓特種師如山地師等，均係求精之義也。

四、「實」（綜核名實戒除虛浮）

綜核名實，戒除虛浮，不僅為軍隊建立之基礎，亦軍隊作戰精神之所繫。已往部隊之員額器械無法核實，敵情戰果常行妄報，命令計畫不切實際，執行任務未能徹底，凡此種種，幾為部隊不實之通病。孫子兵法指出，知己不知彼，尚有百分五十之勝算，然部隊如此不實，抑何能「知己」，己且不知，自無勝算可言。故今後務必實事求是，踐履篤實，任何部隊均做到綜合名實，戒除虛浮之地步，於是軍隊基礎得以建立，作戰精神得以發揚。

十、35 年李先念匪部由豫南竄陝豫鄂邊區，牽制我大部兵力約將一年之久。

事實

34 年共匪藉勝利紛亂之局面，李匪先念遂得於大別、桐柏山區坐大，挾數萬之眾，盤據腹心，當為我戡亂首要之目標。35 年 6 月，經國軍五個整編師（整 41D、整 47D、整 72D、整 66D、整 15D）及一個旅（整 174B）之兵力圍剿後，匪以感受極大壓力，乃化整為零，分股突圍。匪李先念股主力一萬五千人，由平漢路之柳林越路西竄，經整 3D、整 41D、整 15D 跟蹤追剿，及整 36D、整 76D、整 90D、整 1KB 之堵擊，至 8 月 28 日，該匪殘部六百餘竄往陝北匪巢。匪張體學股五千餘人，分股向麻城、黃安地區流竄，經整 37D、整 48D 各一部之追剿，並於滕家堡予以夾擊後，匪傷亡甚重，殘部約三千人北竄，7 月中旬越津浦路明光車站東竄，與蘇北匪會合。匪王樹聲股約八千人，於花園以北之王家店附近越平漢路西竄，經整 66D、整 75D 之追剿，於應山附近予以夾擊，後續竄宜城渡襄河，復經我陸空協同猛烈追剿，僅剩殘匪三千餘，流竄於川鄂邊境。爾後此剿彼竄，在漢江南北兩岸牽制陝豫鄂邊區我軍六個整編師（整 10D、整 15D、整 17D、整 66D、整 72D、整 76D）之兵力，迄 36 年 3 月中旬，將近一年未能完全肅清。

意見

一、我軍 6 月下旬，已包圍李匪先念主力於宣化店以西地區，當時作戰重點應保持於平漢南段地區，一舉壓迫匪軍於長江北岸，則大別山區匪不致突圍西竄。

二、大別、桐柏山區山險林深，地瘠民貧，素為匪類嘯聚之區，加以地方行政組織無良好之基礎，故在進剿作戰上，交通補給均感困難，同時保密不週，一切行動均為匪所偵悉，匪乃尋求我軍弱點，一舉突圍，致被漏網。

三、擔任圍剿部隊，指揮不統一，作戰不協同，往往以建制隸屬關係，畛域派系觀念，仍不能化除，即不能團結互助，一般將領復圖保存實力，推卸責任，以致軍紀蕩然，士氣低弱，使我軍整個陷於被動。同時我軍官兵為匪宣傳所迷惑，對剿匪作戰無深刻之認識，自驕自滿，輕視匪軍，並將匪兵力與行動判斷錯誤，故不能適時進剿，逸失戰機，實為作戰指導上之缺點。反之匪則熟悉地形，並能利用我軍一切弱點，以虛偽誇大宣傳，騙得一時人心傾向，在行動上大膽祕密，戰術與戰鬥上把握機動，尤能主動化整為零，集零為整，虛張聲勢，橫行無忌，使我無法捉摸，兼之我情報不靈，更感困惑，故能牽制我大部兵力達一年之久。

四、匪化整為零時，如何清剿散匪，則有賴黨政軍一元化之總體戰，因黨政未能配合軍事，即我軍每克一地，黨政人員不能隨之進入組織民眾，予以控制，若撤離該地，則又隨之撤離，不能運用地方民眾力量，殊為不當，苟政治優良，組織嚴密，匪到之處，必前有地方武力防堵，後有國軍追剿，則其無處立足，當不難予以殲滅也。反之匪黨政軍配合極為密切，其政治常為軍事之前鋒，在軍事尚未到達之前，地方政治早已為軍事奠立良好生存基礎，故其軍行所至，諸事俱備無往而不利，故能以少數散匪牽制我大部兵力達一年之久，實非偶然。

五、追剿兼須伏擊堵擊，蓋匪裝備輕捷，尤慣夜間行動，因之我

軍追剿每瞠乎其後，若指揮官能預期匪軍流竄必經之路，予以伏擊與堵擊，始易捕捉殲滅。

六、部隊長無旺盛之企圖心與責任感，同時部隊裝備笨重，不適於山地作戰，致行動遲緩，行軍力差，無法爭取主動，逸失戰機。至於匪則完全與我相反，情報靈活，組織堅強，封鎖嚴密，知己知彼，運用自如。遇我圍剿則化整為零，使我疲於奔命，並能乘我分離之際，集中兵力圍攻我軍，常居主動地位，致我清剿未能奏功。

十一、36 年初，嶧棗整 26D 及重砲裝甲部隊被匪澈底解決。

事實

匪陳毅部主力自 35 年冬蘇北宿遷之役後，即回竄臨沂、新安鎮間地區整補，12 月 29 日陳匪企圖威脅徐州，在向城以北及卞莊以南附近祕密集中，當時國軍主力遠在蘇北，僅整 26D（整 41B、整 44B、整 169B）附 5AR（-I）與整 51D 附 I／5AR 位於嶧棗地區，馮治安部（整 59D、整 77D）位於台兒莊、賈汪地區。自宿遷之役失利後，調整部署，將整 26D 並配屬快速縱隊（整 80B、整 44B 之一部及戰車第一營）集結於嶧縣以東之卞莊、向城、張家橋、太子堂間地區，待整個部署就緒後，再向臨沂之匪分進合擊。陳匪遂乘我部署未定，兵力分離之際，以其 3CD 及 2D、4D、6D、8D、9D 於 36 年 1 月 1 日拂曉分由東北及西南向我卞莊、向城、太子堂、張家橋整 26D 陣地全線進攻，並以有力一部南下攻佔傅山口，切斷我後方連絡線。此時整 26D 師長馬勵武因回嶧縣度歲，將部隊交由副師長曹汝珩指揮，曹副師長與快速縱隊司令石祖黃平素感情不甚融洽，雙方均意氣用事，致行動不能協調，整 26D 參謀長又缺乏作戰經驗，臨戰驚惶失措，於是一夜戰鬥，卞莊 507R／整 169B 及向城兩據點相繼為匪突破，匪續利用夜暗向我張家橋整 169B、馬莊整 26D 師部與太子堂整 44B、馬莊以南之整 80B 猛攻，激戰竟夜。

2 日我調用 133R／整 44B 時，因連絡不確，竟被我軍砲兵誤擊，傷亡三連之眾，影響士氣極大。是夜戰車出擊，與我 506R／整 169B 連絡未周，發生誤會，又互擊約一小時，步兵頗有損傷。我 506R／整 169B 於柞城突圍抵馬莊師部附近時，復與工

兵連發生誤會，相互衝突約一小時。由於我軍三次自相誤殺，整26D戰力大挫，匪軍乘機大舉進犯，午夜太子堂陷匪，整44B旅長蔣修仁、副旅長于顯文、參謀長葛振鐸等均陣亡。戰至3日拂曉，我軍倉皇向南突圍，各部隊及戰車、砲兵爭先後撤，步兵為自己戰車碾斃為數甚眾，12時許部隊到達蘭陵鎮以北地區漏汁湖附近，通過一小橋時，適一砲車前輪脫落橋下不能行動，部隊長未能果斷處置，使後續車輛全部不能通過，突遭匪軍截擊，一時風聲鶴唳，部隊皆失掌握，所有車輛部隊倉促成橫隊渡河，該河為十二公尺寬、數十公分深之小溪，惟適天雨土質鬆軟，淤泥甚深，致重砲裝甲車輛均陷入泥沼之中，被匪包圍，悉遭覆滅，損失奇重。

〔此役以重裝備快速部隊，完全置於最前方，暴露無已，引起匪軍突襲之僥幸心理，實為最大原因。亦為其高級司令部（徐州綏署）對使用重裝備部隊之無學識修養最可恥之戰役。故此役經過資料應特加補述詳盡為要。〕

〔而且自經此役別敗之，成共匪對我國軍正規部隊更輕侮藐視。即以國軍為可欺，■■此以干放南北奔突東西，往復並毫無顧忌，而我全軍士氣亦經此一蹶不振矣。余以為國軍整軍失敗之原因雖多，而此役實導整個失敗之總因，為將者妄可不勉學勤督，熟慮毋忽慎始克終，以免一失著，全盤皆錯，而致國家敗亡於不可收拾之境，能不以此為戒乎。〕

意見

一、我軍部署在戰略方面，陷於兵力分離，在戰術方面又株守據點，陷於兵力分散，故予匪以分割包圍之機會。

二、我軍夜間分守各村莊，入於靜止狀態，亦即入於防禦狀態，

並為點式之防禦，而匪軍則慣於夜間行動，故在 35 年 12 月
31 日夜間，即將我軍完成各個包圍，而於 36 年元旦拂曉開
始攻擊，我軍陷於各個分離之狀態，彼此不能應援，各個當
面皆有匪軍攻擊，陷於分崩離析，完全不能統一之戰鬥。

三、使快速縱隊任第一線之守備，完全不合原則，迨被匪包圍
迫近作戰，重砲失去效能，戰車亦被匪襲擊，無法支援步
兵作戰，發揮機械化之效能，實為大錯。

四、我軍對匪軍之企圖始終無明確之判斷，匪於 35 年底蘇北作
戰後即向魯南移動，且此役匪軍兵力約有十二萬人，均係由
蘇北、魯中分別調來，我方情報竟茫無所知，知亦有限，今
後對匪作戰〔對於其軍隊之移動及其祕匿與夜間行動〕宜特
別注意。

五、我軍歷次對匪作戰之初期，所遭遇者大部均為匪之民兵或軍
區部隊，一經接觸，匪軍即行撤離，故每次戰役所得者僅為
城鎮或點線，並未能消滅匪之主力，而各級指揮官多誇大戰
果，虛報匪情，結果形成高級司令部對匪情判斷錯誤，因而
處置亦不適當。

六、當整 26D 被圍時，未能活用兵力，迅速集中台兒莊、棗莊
部隊與匪決戰，始終以劣勢兵力被動作戰。

七、部隊協同不良，整 26D 副師長與快速縱隊司令於大敵當前
不知同舟共濟，反以意氣用事，置整個部隊生死於不顧，又
戰鬥不利時，步兵與砲兵、戰車之協同均欠良好，竟誤友為
敵，不但不能發揮綜合戰力，且將自己力量消耗殆盡，影響
士氣莫此為甚。

八、第一線部隊因值新年，疏於戒備，遭匪奇襲，倉皇應戰，
且整 26D 師長馬勵武〔回家度歲，擅離職守，視軍事為兒

戲〕，致失指揮重心，影響作戰。

九、天氣惡劣，空軍無法支援作戰。

十、指揮官對戰地兵要地誌欠研究，如棗莊、臨沂間之公路橋樑均欠良好，附近湖沼地帶現雖乾涸，一遇天雨則濘泥不堪，實非重砲裝甲部隊所宜持守之地。

十一、指揮官無應變處置，當車輛渡河時，如能一面沉著應戰，一面迅將行李什物等墊於河底，分由數處通過，則砲車、戰車當不至全部陷入泥沼而遭覆滅。

十二、軍紀廢弛，失去民眾支持，徵用民伕車輛等均漫無限制，更以管理不良，致使連日隨軍前進之民伕，結果不得一飽，如是怨聲載道，卒遭最後瓦解。

十三、整 26D 官兵中，大部中匪宣傳毒素，當時匪軍對該師之口號「寧願打雜牌部隊一個師，不願打二十六師一個班」傳播於嶧棗地區，為婦孺所共知。然該師官兵未能深省警惕，反以此為榮，致兵驕將傲，對匪輕視，遂中匪奸計。

十四、匪軍利用陰謀，藉 36 年元旦暗中發動嶧縣屬各鄉鎮保甲長，以全縣人民名義，假縣城舉行慶祝大會，並向我駐軍各級首長獻旗，同時舉行會餐及同樂晚會，我師長以上官長多離開前方，返縣城接受民眾之獻旗，時匪見計得售，即於元旦發動奇襲，致我指揮失靈，終於失敗。

十二、36 年 9 月，共匪由河北大舉南竄，以牽制我進剿膠東之戰史。

事實

36 年 7 月，魯中匪陳毅部被我擊破後，除各以一部分竄膠東、魯西外，主力北逃。9 月間我以范漢傑兵團向膠東進剿，迭克要點，龍口、煙台等要港亦次第收復，匪在背負渤海，退無可退之情勢下，為欲鞏固其黃河以北地區免受局部威脅，遂避實擊虛，以造成敵方（我方）之劣勢，企圖主宰戰場，乃使膠東匪軍向西鑽隙對進，又為牽制我膠東進剿兵力，以 6CD、10CD 渡河南竄鄆城附近，與 1CD、3CD、4CD、8CD 會合策應膠東匪軍之作戰，當在鄆城及王老虎附近與我整 5D、整 84D 發生激戰，同時劉匪伯承部亦傾巢渡河南竄，遮斷隴海路，分兵東逼徐州，西犯鄭、汴，作廣大地區之竄擾。9 月中旬我由濟寧轉移整 75D 於鉅野，整 11D 由魯中調商邱，整 10D 由信陽運民權，匪感腹背受擊，於 9 月下旬分股越隴海鐵路南竄大別山區及黃泛區，陳賡匪部亦渡河南竄伏牛山區。

意見

一、36 年 7 月間，匪陳毅部在魯中為我擊破，渡河北竄時，我軍情報不確，未能全盤明瞭匪之逃竄行動，故除對膠東匪之一部追剿外，未渡河跟蹤追擊，使匪獲得喘息機會，於我進剿膠東時復渡河南竄魯西，策應其膠東匪軍之作戰。

二、當膠東匪軍被迫鑽隙對進時，我若以有力部隊再對膠東匪軍作第二波之掃蕩圍堵，當可將其全滅。因河北匪軍渡河南竄，將我整 5D、整 11D 等有力部隊牽制於魯西戰場，使

膠東之匪得以遂行其對進戰術而無所顧慮。

三、是役我軍對匪之北渡南竄均失卻主動對策，當匪渡河傾力南
　　竄時，正我搗破冀魯平原匪軍老巢之良好機會，除對膠東之
　　進剿仍應澈底執行外，並應北渡黃河直趨濮陽、觀城、南樂
　　等地匪之巢穴，匪如回救，則陷於被動，可乘其回救時全力
　　攻擊之，惜我未能把握時機，主宰戰場，殊為失策。

四、我軍作戰，對於連繫協同策應等，均感不夠，故不能發揮總
　　體力量。一般將領咸抱「自掃門前雪」之觀望態度，缺乏責
　　任感。匪軍洞悉我軍此種苟全心理，故敢分兵竄擾，無所顧
　　忌，或以大吃小，各個擊破，因而影響我士氣民心甚鉅。

五、鄆城附近之作戰，我軍在戰鬥戰術上收效甚宏，但在戰略指
　　導上則受匪牽制，致膠東之進剿終於失利，功虧一簣，殊為
　　可惜。

六、抗戰勝利後，收復區逐漸擴大，而未能適時組訓地方武力擔
　　任守備，致野戰軍被膠著於重要點線，失去機動性，故陳匪
　　竄擾魯西，不得不中止膠東之清剿，劉匪竄踞大別山亦無兵
　　力堵剿。

七、我軍每一次會戰後，雖有得失檢討，但能實施改進者究少。
　　要之戰法千變萬化，今後作戰，無論官兵思想、體力訓練及
　　部隊之裝備，均應以超過匪軍為對象，同時部隊之機動性為
　　野戰軍必具之條件，更應特予重視。

八、匪軍裹脅民眾，組織嚴密，行動自如，故整個戰場時時得以
　　呼應作戰。

十三、36 年 9 月下旬，我軍重點攻擊及中央突破戰術與共匪之空心戰術之比較戰史，應特別注意。

事實

　　36 年 7 月，國軍以中央突破戰術，進剿沂蒙山區，擊潰匪陳毅部之主力，並於南麻一役消滅匪軍十萬之眾。此後陳匪由魯中竄往膠東，我以同樣戰術追殲殘匪，9 月間以 1CA（范漢傑）率整 64D、整 75D、整 9D、整 54D、整 8D、整 57B 等部進軍膠東，以主力保持於中央，形成重點，採取錐形突破，分段攻擊，企圖壓迫匪軍於半島尖端而殲之。9 月 1 日開始攻擊後，匪軍節節退卻，18 日退據棲霞附近，23 日我主力即對棲霞行重點攻擊，匪勢漸感不支，遂採用所謂空心戰術，一面以匪劉伯承部傾巢渡河進犯魯西策應陳匪之作戰，一面陳匪乘機向西鑽隙對進，我乃分途追剿。10 月上旬我整 64D 被圍於范家集，整 9D 被圍於朱陽附近，均有損失，而魯西方面之劉匪亦大規模向我空虛之後方鑽隙滲透，於 9 月下旬越隴海路經黃泛區竄入大別山，不但對我武漢及長江下游形成威脅，且匪我戰略形勢亦因此改觀。

意見

一、我軍之重點攻擊及中央突破戰術，為正規戰，而匪之空心戰術，則為游擊戰，其主力部隊經常保持集中機動，發揮奇襲效能，避免正面攻擊。

二、重點攻擊之目標，應以殲滅敵野戰軍為主，而我在理論上及計畫上雖均欲殲滅匪軍有生力量，但事實上往往偏重於城市之得失，故不僅不能根本解決問題，而且土地愈擴大，兵力

愈分散，不啻為匪造成各個擊破我軍之機會，過去在大陸上之失敗，屢見不鮮。今後反攻大陸，應以殲匪野戰軍為主。

三、過去因偏重點線之得失，兵力分散，雖有旺盛企圖，積極行動，往往不能澈底集中優勢兵力於所望之時間地域，形成重點，以致徒有重點攻擊之名，終鮮功效。

四、中央突破戰術不失為良好戰法之一，惟應依狀況運用，且突破後應向左右蓆捲包圍敵人於戰場而殲滅之。我軍剿匪以來，獲勝固屬不少，但終未能消滅匪軍有生力量，此為我對中央突破戰術認識運用不澈底之故。蓋每次戰役，既未敢由翼側大膽包圍，又不能突破後左右蓆捲擴張戰果，結局不過將匪軍推後一步，匪軍則反是遇有機會，即澈底集中兵力，一舉將我包圍，各個擊破，此種慘痛教訓，確應提高警惕。

五、匪軍之空心戰術，目的在避實擊虛。魯西之役陳、劉二匪更為澈底運用，趁我軍尚未合圍時，由翼側或間隙逸出包圍圈外，乘隙蹈瑕，攻我弱點。我向匪進，匪亦向我進，我回顧後方，匪亦回奔老巢，成為原來狀態，即毛匪所謂：「你到我家來，我到你家去」、「國軍以部隊換空城，我們以空城換部隊」，爭取生存時間及生存空間，為弱者抵抗強者之有效方法。

六、重點攻擊，乃戰法之通則，空心對進，乃戰法之變則。但兩者惟一共同要點均在黨政能配合軍事，能先知、能主動、能適合情況，奇正相生，將來反攻作戰，實應多所研求也。

十四、36 年 1、2 月間，劉伯承匪部由河北渡河向魯西隴海路竄擾，牽制我蘇北主力與過河之 5A 部隊之戰役。

事實

35 年 8 月，匪劉伯承部南渡黃河竄擾黃泛區，策應匪李先念部作戰，先擊破我整 3D 於隴海路沿線民權、野雞崗附近地區，我 5A 及整 11D、整 75D 當予痛剿，該匪遂渡河北竄。11 月 21、22 日於長垣附近之老岸鎮及上官村擊破我孫震部整 125B ／整 47D 後，即向濮陽方面逃竄。當時黃河舊道尚未放水，但我 5A 不由鄄城跟蹤追剿，反而繞道東明於 11 月 24 日始渡河北進，致未及與在豫北之王仲廉部整 26A（整 32D、整 38D）協力捕捉匪軍主力於長垣地區，予以殲滅，反予匪以各個擊破我軍之機會。

此時蘇北匪陳毅部於沭陽一役後，在歐震兵團之壓迫下，狼狽北竄魯南，劉匪為策應其作戰，乃於濮陽東南集結主力，竄犯魯西。邱、王兩部雖於 11 月下旬至 36 年 1 月 2 日連克濮陽、濮縣、清豐、內黃、大名、觀城等地，但劉匪主力則早已竄至魯西，迭陷鉅野、嘉祥，圍攻金鄉，南擾亳州，威脅宿縣，徐州頓形告急，乃將 5A 及整 75D 由平漢路車運轉隴海路馳援徐州，而未令蘇北之歐兵團深入尾追，藉得對徐州相機轉用，致失戰機，而陳匪則乘歐兵團遲疑不前之際，以祕密之行動擊破我整 26D、整 51D 於嶧棗地區，復回兵北竄，再殲我 73A、整 46D 及 T12A 之一部於吐絲口以南地區，自是我在戰略上之有利形勢頓形逆轉。

意見

一、劉匪伯承部來回竄擾魯西，策應陳匪作戰，其行動之大膽飄

忽，部隊之機動祕匿，實有賴於情報之靈活與其黨政基幹之支前作戰，而戰術上之統一指揮則尤堪注意。

二、徐州綏署判斷陳、劉兩匪似將夾擊徐州，以達其戰略上之企圖，然以當時匪之編制裝備訓練等而言，較我軍為劣，攻略徐州尚不可能。徐州綏署此種判斷似屬錯誤，若徐州綏署能放膽令歐兵團躡蹤追擊陳匪，使無喘息之餘地，則山東局勢當必改觀也。

三、當孫震所部之兩個旅被劉匪主力於老岸鎮、上官村各附近圍攻時，5A 不由鄆城渡河直攻濮陽、濮縣，斷劉匪之歸路，捕捉其主力，而殲滅之於戰場，反繞道東明渡河，經長垣向北迎擊，以致撲空，失去戰略上有利態勢與時機，殊為失策。

四、我軍對劉匪之北渡南竄，每日相距僅二十餘里，始終無法追及，此種情形固由部隊缺乏確切可靠之情報，而指揮官之穩紮穩打，未能放膽前進，亦未始非原因之一也。

五、我軍動作遲緩，合作不夠，連繫欠週，指揮失當，如整 104B／整 41D 在上官村被匪圍攻時，近在滑縣之整 124B 則坐視成敗而不馳援，即為顯著之例證。

六、陸空連絡良好，發揮偉大力量，因此乃有亳州、小壩、民權等地之局部勝利，惜陸軍未能利用空軍戰果，行果敢之追擊，澈底消滅匪軍主力，殊為遺憾。

七、戰鬥間命令通報、報告等，均須靈活與適時適切，高級指揮部之幕僚業務尤為重要。此外如報話機之密語本不大適用，仍與電報無異，不能對答，此均應加注意與改進者也。

八、我軍只重點線之守備，忽視組訓民眾工作，以致廣大的面無法控制，情報欠靈，處處陷於被動。

十五、36 年 2 月 23 日，吐絲口失敗之役。

事實

　　36 年初，嶧棗會戰後，我為殲滅匪陳毅主力，掃蕩沂蒙山區，令 3CA 司令官歐震率整 25D、整 65D、整 74D、整 83D，第二綏區副司令官李仙洲率 73A（欠 77D）、整 46D 及 T12A 之一部，分別編組為南、北兩兵團，分由新安鎮、濟南對魯中實行分進合擊。我歐兵團於 36 年 1 月 30 日由新安鎮北進，因對當面敵情判斷不明，遂遲疑不前，2 月 19 日佔領臨沂，此時李兵團已先期以主力由濟南，一部由博山分道南下，進克吐絲口、萊蕪。2 月 8 日克新泰後，亦即躊躇不進，以待歐兵團，此際其部署 73A、整 46D 主力配置萊蕪，73A 一部駐博山，整 46D 一部駐新泰，T12A 一部駐吐絲口。陳匪見我歐兵團遲疑徘徊，而李兵團又孤軍深入，乃於 2 月 13 日由臨沂、蒙陰祕密分主力北竄，復祕密集伏於萊蕪東西兩側山區。2 月 21 日其 1D、4D、8D 等部先襲擊我整 46D 於萊蕪地區，同時由博山南進之 77D／73A 在麻咯地區遭匪伏擊，情況不明，而黑咯我 T12A 及吐絲口之 N36D 亦遭匪猛擊。2 月 23 日晨，李副司令官乃將進入新泰整 46D 之一部迅即北撤萊蕪時，又奉王司令官耀武電令，全部由吐絲口、博山後撤，當召集軍師長、參謀長開會決定，向吐絲口突圍，乃集議以 73A 在前，整 46D 斷後，當時兩軍長意見相左，遂決定兩軍齊頭併進，其部署為（一）以萊蕪、吐絲口間公路為界，整 46D 在南，73A 在北，逐段躍進，互相掩護；（二）各部隊自行負責各戰鬥地區內匪軍之驅逐；（三）輜重車輛及後勤人員在中間公路前進，73A 則以 15D、軍司令部及直屬部隊、193D 之序列行進，約三十華里，近吐絲口，當面匪軍憑

險固守，該軍遂陸續加入戰鬥。戰至下午 2 時左右，右翼之整 46D 被匪壓迫，紛紛退入 73A 部隊行列中，人馬輜重互相混雜，指揮系統致被衝散，當時匪軍竟亦混入我軍，到處放槍，亂喊亂叫，各級部隊長雖極力支撐，亦不能再戰，於是一日之間，我數萬大軍被匪吞噬，副司令官李仙洲、73A 軍長韓濬均被俘。當日 15 時僅三千餘人到達吐絲口附近，向博山突圍外，其餘部隊均情況不明。

意見

甲、匪軍

一、主動與集中

當匪偵知我南北夾擊之企圖與行動後，即依內線作戰指導要領，主動撤出臨沂，於六、七天內即能澈底集中兵力於萊蕪、新泰方面，遠襲我李仙洲兵團，其所表現之機動性極大。

二、祕密與奇襲

當匪主力作戰略轉移時，經由臨沂、蒙陰、新泰、萊蕪道東西山區山徑，晝伏夜行，避免我空軍偵察，而我軍地面情報又不確實，一時竟不知匪主力何在，及至判明其企圖與行動時，我李兵團已被各別包圍於谷地中。

三、滲透與伏擊

匪先由我軍兩翼外側山區化整為零，祕密分散滲透，以一部在吐絲口東北兩方佯動牽制我軍，並截斷我交通通信，以主力埋伏於萊蕪、吐絲口道兩側山地，乘我軍向北轉進之際，一舉殲滅我軍於隘路中。

四、貫澈命令與犧牲精神

當李兵團向吐絲口轉進時，雖整日有空軍掩護協同作戰，

但匪在我空軍猛烈炸射之威脅下，仍不顧一切迅速奔赴戰場，當時我空軍見匪軍一面向前行進，一面以雙手高舉機槍對空射擊，不顧任何犧牲。由此可見匪軍犧牲之犧牲精神與奉行命令之澈底。

乙、我軍

一、戰略指導錯誤

當臨沂方面匪陳毅主力於 2 月中旬向北轉用時，歐震兵團未能以優勢兵力迅速跟蹤追擊，進出蒙陰、新泰，致匪得以充裕時間集中兵力，各個擊破我李仙洲兵團。第二綏區方面，王耀武、李仙洲均據空軍報告吐絲口兩側山地有匪集結，且萊蕪、吐絲口間道路狹隘，山巒險峻利於防守，不利通行，基於此種狀況，當時王耀武未能採取迅速適當之措施，令堅守待援或向西繞道泰安北上，反令所部盲目退卻，因之鑄成大錯。

二、防奸保密完全忽略

第二綏區於萊蕪屯有一個月以上糧彈，撤退時搶運糧彈企圖暴露，且僱用響導民伕，致匪諜乘機大批滲入，行動之先，又被大部潛逃回報，加之高級指揮官以明語明碼通訊指揮部隊，於是我軍一舉一動，均為匪所悉，焉有不敗之理。

三、虛報匪情判斷錯誤

歐震兵團進抵臨沂時，匪軍已先期撤離，臨沂已成空城，但歐為邀功起見，竟謊報殲匪若干，殘匪已潰不成軍，紛向魯中方面奪路逃竄等語，故陳匪集中兵力指向萊蕪，我上級司令部亦未能作正確之判斷，仍催促李副司令官繼續南下，以致敵情不明，倉卒間無以應變。

四、退卻部署失當

李兵團撤退之際，未將公路兩側山岳地區搜索警戒，萊蕪至吐絲口三十華里間之要點，亦未先予佔領，以掩護主力轉進，竟以密集隊形兩軍並列在隘路中，以四路密集縱隊齊頭併進，一見匪軍伏兵四起，人馬輜重相互踐踏，部隊全失掌握，不戰自亂，乃陷於慘敗之境地。

五、友軍互不協調

整46D與73A不能精誠團結同舟共濟，各存保持自己實力之私見，於突圍前均各爭先，不願殿後，迨議定齊頭併進，並約定每行十里交互掩護前進，但均私囑所部不可戀戰，乘友軍激戰之際速行脫離，乃各存不戰而走之心理，結果同歸於盡。

六、指揮官無決心

此次失敗最令人痛心者，為整46D師長韓練成於大軍臨危之際，即擅自行動，脫離部隊，化裝潛逃，因此數萬大軍全失掌握，束手被擒。

七、部隊長調動之影響

73A之九個團長有半數以上在一個月前均分別調職，新任團長在戰鬥指揮中，由於人事等關係，究不若原任團長之能運用自如，此亦為失敗因素之一。

八、空軍偵察不夠週密

致未能確判匪之動向，使大軍行動遲疑莫決，故匪能伺隙攻襲我深入之孤軍。

十六、36年5月中旬，山東孟良崮之役整74D 被消滅。

事實

　　36年4月，國軍為迅速擊滅匪陳毅部，於4月上旬逐次向盤踞魯南梁邱山地及魯中沂蒙山區之匪掃蕩，經戰月餘，陳匪主力祕匿退集沂水、坦埠、南麻一帶沂山老巢，並以其6CD鑽隙南竄梁邱山區。5月上旬國軍以1CA（湯恩伯）向沂水、坦埠，3CA（歐震）向新泰、徂崍山分別追剿。5月11日我1CA之整74D向坦埠攻擊，整25D、整83D各一部掩護其左右兩側翼，3CA之整11D向新泰，整5D、整75D向萊蕪、吐絲口進擊，整64D及整20D之一部會攻匪6CD。5月13日整74D攻至摩天鎖、巡邏山之線時，兩翼友軍未能齊頭併進，而匪以優勢兵力向我整74D反擊，整74D當即電報1CA兵團部並要求命令兩翼友軍迅速跟進，確實掩護，兵團部認為匪主力在沂水方面，坦埠當無匪大部隊集結跡象，仍令該師遵照命令，於14日攻克坦埠。是晚1CA方面戰況激烈，5月14日拂曉整74D續向坦埠攻擊，8時許其左右兩翼側發現大股匪軍向其後方移動，於是師長張靈甫一面將情況電報兵團司令官，一面令部隊向南轉移，至黃昏時，整74D主力經戰鬥後到達孟良崮高地，同時匪4CD、5CD乘我整25D西移桃墟、陡山之際，向孟良崮完成包圍態勢。國軍為策應整74D之作戰，於5月13日令1CA由臨沂抽調有力一部，協力整83D而向孟良崮攻擊，整64D速向匪6CD追擊，並令整11D、整9D速向蒙陰急進，協力整65D、整25D向孟良崮攻擊。5月15日匪4CD、7CD、8CD、9CD陷我整83D萬泉山陣地及整25D桃墟北側高地，圍攻孟良崮匪6CD乘我整

64D、整 20D 行動遲緩，鑽隙襲取垜莊，亦參加合圍孟良崮。我整 74D 全部將士乃與四圍匪軍展開英勇血戰，迄至 5 月 16 日晚，各路援軍尚未到達，而孟良崮守軍與優勢之匪激戰三晝夜，糧盡彈絕，傷亡殆盡，師長張靈甫、副師長蔡仁傑、旅長盧醒等戰至最後，集體自殺，壯烈成仁。

意見

一、國軍對莒縣、沂水、坦埠之攻擊，雖有五個師一個軍（整 48D、整 83D、整 74D、整 25D、整 65D、7A），但實際整 74D 向坦埠攻擊前進，其餘第一線兵團均未完全遵照預定計畫齊頭併進，亦未作積極牽制攻擊，故整 74D 過於突出，使匪主力得以從容使用於整 74D 方面。

二、對竄擾我後方梁邱山區之匪 6CD，我軍雖擁有較優勢之兵力，仍未能取積極行動，先予以殲滅，致該匪於我軍最痛苦之所在與最痛苦之時刻，輕易襲取垜莊，切斷青駝寺、蒙陰間之交通通信，阻滯我增援部隊，影響整 74D 作戰態勢至大。

三、國軍行動遲緩（特在入夜後至天明前不敢行動），缺乏協同一致信念，且情報與通信均不靈活，對匪之主力及其動向往往不明，報告遲誤。

四、整 74D 佔領孟良崮高地時，未將四週村落佔領，地區狹小，兵力不能展開，步砲火力發揚困難，反對敵人砲擊成為良好目標，兼以石岩光山，構工、汲水與空投補給均極困難，故難作持久之戰鬥。

五、整 74D 受優勢之敵壓迫，應向西南退卻依托整 25D 左翼為適當，不應退至突起孤立之高地，惟整 74D 自剿匪以來戰績卓著，不無輕敵心理，故於絕地孟良崮仍自信其戰力足以

　　擊潰犯匪，倘能及早警覺，於 14 日晚奮力突圍，仍可退至
　　垛莊，進入蒙山，利用既設工事與匪周旋，則勝負之數尚難
　　逆料也。

六、孟良崮山地傾斜過大，不但運動不便，且死角不能消滅。整
　　74D 於 5 月 14 日退守該地時，除步兵外，砲兵與重火器大
　　部只能到達山腹，輜重騾馬多蝟集山麓，形成輜重部隊為第
　　一線，位置暴露。以此種錯亂態勢面對奸狡匪軍，自不能作
　　堅強持久之抵抗。

七、增援部隊整 25D、整 83D 不能全力攻擊前進，致失卻稍縱
　　即逝之救援機會。

八、魯中匪軍利用軍區部隊、各地民兵及嚴密情報系統，佈置廣
　　大掩蔽幕（搜索幕），使我無從獲得匪情，而匪能察知我軍
　　狀況。

九、匪軍善於把握夜戰之利，發揮夜間戰鬥效能，並儘可能減少
　　或避免對空軍所加之損害，且敢大膽澈底集中兵力打擊我軍
　　弱點所在，對於鑽隙滲透襲擊我軍側背尤其所長。

十、匪軍後方勤務效率較高，對於通信與保密特別重視。

十七、36 年 7 月中旬，羊山集整 66D 被匪圍攻之役。

事實

　　36 年 6 月，匪陳毅部在魯中沂蒙山區被我大軍圍剿，已岌岌可危，劉匪伯承為策應陳匪之作戰，率五個縱隊約十二萬人，於 6 月 30 日自臨濮集、舊城集間偷渡黃河竄擾魯西，相繼攻陷鄆城、鉅野、定陶等地，並分向嘉祥、金鄉間西竄，我 2CA（王敬久）率整 70D、整 32D、整 66D 分由豐縣、魚台沿金鉅公路（金鄉至鉅野）以一個行軍縱隊北進迎擊。7 月 13 日被匪腰擊，各個包圍於獨山集、六營集及羊山集，至 16 日我獨山集之整 70D 與六營集之整 32D 向紫芳、羊山集突圍，被匪擊潰，僅殘存一部退回濟寧，匪乃集中主力圍攻羊山集。我守軍整 66D 宋師長瑞珂決心固守待援，第一週戰況中，予匪傷亡甚大，在陣地上即鹵獲匪步機槍近萬枝。我由金鄉派往馳援之整 58D 在萬福河南側之張家莊、李家樓之線被匪所阻。7 月 20 日匪向羊山集展開猛烈攻擊，21 日該集西部一度陷匪，旋為我守軍擊退。7 月 22 日我 4CA（王仲廉）率整 10D、整 40D、206D 之一部奉命由蘭封出發，進解羊山集之圍，適值連日陰雨，道路濘泥，重兵器、車輛、輜重行動遲緩。7 月 24 日我羊山集西北部復為匪軍突入，經我陸空協同攻擊，至 25 日晨再將犯匪擊退，是日我 4CA 抵冉堌集，續向汶上前進。圍攻羊山集之匪連日挖掘坑道，向我鹿砦唐寨接近。7 月 27 日劉匪親率主力再度猛犯，我守軍苦戰經旬，傷亡慘重，兼霪雨連綿，空投不繼，工事全為豪雨沖塌，而援軍仍滯於途。7 月 28 日下午 2 時，羊山集陷匪，守軍壯烈犧牲，師長宋瑞珂下落不明。

意見

一、我 2CA 由金鄉向鉅野北進時，以一個行軍縱隊前進，致被
　　匪腰擊，絕對錯誤。

二、我軍初以整 58D 一個師馳援羊山集，兵力過少，遇匪所阻
　　即無力前進，復以 4CA 北進解羊山集之圍，該兵團行動遲
　　緩，且惑於匪軍圍點打援之一貫戰法，不能排除阻礙，兼
　　程前進，是為魯西失敗之根源。

三、我軍 2CA、4CA 在同一戰場對同一敵人作戰，而無統一之
　　指揮（分由徐州與鄭州兩司令部指揮），此為不能互相支
　　援之主因。

四、國軍自抗戰勝利後，無一整補訓練機會，尤不慣夜間戰鬥，
　　只能晝攻夜守，如遇氣候惡劣，又無適宜之處理，因此影響
　　戰力特大，且予匪軍攻擊我弱點之機會。

五、互是役全期徐州、鄭州兩基地之空軍，不論阻止匪軍渡
　　河、偵察匪軍行動、空投支援友軍及直接協同作戰，日以繼
　　夜，獲得有形無形之戰果不少（計出動九百餘架次），但
　　兩基地之空軍未由一個指揮官統一指揮，至未能澈底集中兵
　　力，形成重點，亦為過失之一。

十八、36年8月間，魯豫戰役對匪三次合圍，悉被漏網之戰史教訓。

事實

一、36年6月南麻之役，國軍計畫以主力向蒙陰、玉顏莊方面，先向沂山匪巢之南麻作錐形突破，爾後與由臨沂北進之牽制兵團向沂水分進合擊，各個捕捉匪軍於戰場而殲滅之。6月27日我范漢傑兵團（整11D、整64D、整25D、整65D、整5D、整75D、整9D（主））按預定計畫攻擊前進。30日整11D即自整65D左後方祕密超越前進，出敵意表，一舉攻佔南麻，鹵獲物資極多，爾後即以整11D、整5D於南麻、魯村地區掃蕩殘匪，以整64D、整25D會攻東里店，整65D、整9D（主）及由河陽北進之整9D一部會攻沂水，整25D與由蒙陰東進之整113B會攻坦埠，先後於7月4日收復坦埠，7月7日收復東里店，7月11日收復沂水。匪於我軍攻佔南麻之同時，即離心退卻，以3CD、8CD自南麻以北地區經博山會10CD向泰安方面流竄，其1CD、4CD自沂水西北地區向費縣方向流竄，陳匪率2CD、4CD、7CD、9CD等部退踞馬站、蔣峪地區，擬乘我分兵回剿時各個殲滅我軍，恢復其沂蒙老巢。而我仍按預定計畫依次奪取魯中各要地，陳匪見計不售，乃繼續向西擴大其流竄區域，企圖接應魯西劉匪伯承之東進。7月15日我張副司令官淦指揮之整48D由河陽，7A由湯頭，整83D由臨沂經費縣，我歐震兵團（整85D、整75D、整113B）由蒙陰經泗水，及整65D由坦埠，整5D由萊蕪，整16B／整75D由新泰經泰安、樓德鎮分途進剿西竄匪軍，同時我整9D於沂

水，整 64D 於東里店，整 25D 於北岱山，整 11D 於南麻各附近繼續清剿。陳匪以我主力西去，7 月 17 日乃以 2CD、6CD、9CD、TKB 等部圍攻南麻，另以 7CD 阻我援軍，我南麻守軍整 11D 在空軍積極支援下，與匪激戰六晝夜，陣地屹立未動，匪傷亡慘重，勢漸不支。同時我整 9D、整 64D、整 25D 已分別擊退匪 7CD，進至南麻附近。匪於 7 月 23 日拂曉向臨朐方面潰退，惜我未能跟蹤窮追，致使殘匪漏網兔脫。

二、36 年 7 月 18 日，向西流竄之匪因劉伯承部傷亡重大無力東進，我增援津浦中段部隊亦逐漸進迫，於是匪 1CD、4CD 自滕縣、鄒縣回竄嶧棗東北地區，因沂河水漲，復受我左追兵團壓迫，乃又回竄滕縣以北。於 8 月 1 日鑽隙渡泗河北竄，3CD 自兗州以北向泰安以東回竄，8CD、10CD 自濟寧以北地區向汶河以北退竄，因汶河水漲渡河困難，復受我右及中追剿兵團壓迫，乃於 7 月 27 日竄踞濟寧以北地區。此時國軍整 5D、整 75D、整 84D、整 83D 已由東、南、北三面完成合圍之勢，本可將流竄濟寧、汶上之匪 1CD、4CD、8CD、10CD 壓迫包圍於運河、微山湖以東地區，一舉殲滅，然我軍未能採取積極行動。8 月 3 日匪乘夜經蜀山湖兩側偷渡運河，逃竄魯西，復被漏網。

三、36 年 7 月魯西之役，匪劉伯承部五個縱隊約十萬人為策應陳毅匪軍作戰，二次渡河南竄，國軍先後由豫北及津浦中段抽調部隊編為 2CA、4CA 兩個兵團增援魯西，企圖以商邱周碞部與荷澤劉汝明部為支撐，予以圍殲，或壓迫劉匪於黃河岸而殲滅之。劉匪竄入魯西後，初極猖獗，先後各個擊破我整 68D、整 66D、整 32D、整 70D 等部，劉匪傷亡亦重。

至 8 月上旬陳匪 1CD、4CD、8CD、10CD 由運河以東，漏網竄至鄆城、鉅野間地區，我進剿大軍相繼跟蹤而至，毛匪為調整戰略部署，乃令劉匪於 8 月 12 日率領殘部越隴海路經黃泛區竄大別山，時我整 5D、整 57D、整 84D 等部將匪 1CD、4CD、8CD、10CD 緊縮壓迫於鄆城以北，黃河、運河、東平湖間三角地帶，陳匪挽回其不利態勢並策應膠東作戰起見，以其 2CD、3CD、6CD 由河北南渡，糾同其在魯西之被圍部隊鑽隙逃脫，並圍殲我沙土集之整 57D。爾後陳匪流竄魯西黃泛區一帶，忽分忽合，擊弱避強，使我疲於奔命，圍剿無功。

意見

一、國軍常正面攻擊而極少實施包圍迂迴奇正並用，在匪敗退時又不能迅速猛烈追擊，致使匪脫離戰場容易，如南麻之役後我整 25D、整 9D、整 64D 未能猛烈果敢進擊，予匪脫逃漏網機會，殊為可惜。

二、當陳匪 1CD、3CD、4CD、8CD 殘部鑽隙對進，竄至運河以東地區時，被國軍三面進剿合圍，且面臨運河、獨山湖、微山湖障礙，本可一舉圍殲，奈國軍未能採取積極行動，我整 20D 於滕縣負創無力西進，整 84D 復拘守點線不敢出擊，致使匪漏網西竄。待陳匪竄至鄆城以北三角地區後，我進剿大軍相繼腫至，但因協同不良，連繫不週，合圍之勢雖成，而匪已鑽隙脫離，故又未能收聚殲之效。

三、我軍不善夜戰，匪夜間行動，我則夜間宿營，故雖對匪情略知一二，亦係過時之匪軍動態，因之根據所得情報作決心與處置，已不切合實際狀況。

四、我軍因無戰略預備隊，後方異常空虛。匪軍乘此弱點，每當
　　我軍合圍時，另以其他匪軍乘虛而入，於我後方擾亂，迫使
　　我圍剿部隊不得不抽調部隊以確保後方之安全，因而減少圍
　　剿之壓力，匪軍得恢復喘息，並獲漏網之機會。

五、我軍行軍速度及連續行軍力均不如匪軍，故每尾追匪軍而不
　　能及。

六、部份部隊長過於消極，在不求有功但求無過的心理下，開放
　　匪軍漏網逃竄之門。

七、部份部隊長存畏懼心理，恐為匪各個擊破，故大部隊集結，
　　不能將擔任地區之正面全部封鎖，被匪滲透。

八、豫魯邊區赤化已久，人力、物力為匪控制，且魯西村落棋
　　佈，匪軍善於利用，乘隙蹈虛，伏擊偷襲，每於我大軍尚未
　　合圍之時，即依其對進戰術「敵向我進，我向敵進，敵回顧
　　其後方而回師，我亦回奔我巢穴」，爭取生存空間與時間，
　　致使國軍三度圍剿，均未能將其捕捉殲滅。

九、我軍屢次對匪合圍，悉被漏網後，猶未能澈底檢討各戰役之
　　得失與經驗教訓，俾據以策定下一次之作戰計畫，故於戰術
　　戰鬥技能方面鮮有新的改進。

十九、36 年 6 月 18 日，四平街之匪反撲。

事實

36 年 6 月 12 日，匪 1CD、2CD、3CD、1DS、2DS 及保 1B、保 2B 等部共約十餘萬人，附砲百餘門，由四平西北兩面猛攻，四平守軍（71A 附 54D）英勇應戰。16 日機場陷匪，遼北保安團防守之西南陣地又被突破，我軍依空軍之直協奮力反擊，三得三失，形成拉鋸戰鬥，嗣又逐屋爭奪，展開慘烈巷戰，匪復集結優勢兵力晝夜輪番猛攻，我軍在極度疲憊與飢餓狀況下拼死苦戰。25 日道西守軍傷亡殆盡，全部陷落，匪乃乘勝越中長路猛撲道東我軍陣地。27 日鐵路車站及西南油房一帶又遭突破，四平防守戰鬥至此已臨垂危階段，守軍困守東北一隅，死守待援。此時我沿中長路北上解圍部隊已於 26 日全線攻擊北上，93A、53A 沿中長路以西地區向北挺進，逕趨四平，N6A 進出西豐葉赫站以行戰場包圍，匪見合圍之勢已成，阻援破點之企圖失敗，乃乘夜全線潰退，鏖戰兼旬之四平戰鬥至此遂告結束。

意見

一、軍事先敵一著而勝，後敵一著而敗。經營戰場，以逸待勞，乃先敵一著之祕要。兵法云：「知戰之地，知戰之日，則可千里而會戰；不知戰之地，不知戰之日，則左不能救右，右不能救左，前不能救後，後不能救前，況遠者千里，近者數里乎」。所謂不能救者，以後敵一著故也。如東北戰場，長春亙四平街兩大據點之間，縱橫三百餘里，僅懷德一點作為外圍之支撐，且地勢平坦，無險可踞，適為匪以大吃小之有利目標，乃由扶餘糾眾直撲懷德。我軍顧慮長春、四平間

中長鐵路交通之確保，被迫抽調 71A 主力北上應援，中途遇匪襲擊，倉卒應戰，一時陷於混亂，而致潰不成軍，星夜撤回四平。南、北滿之匪軍遂兼程追擊，四面合圍，南陷昌圖，北佔公主嶺，遮斷中長路南北之交通，一意從事四平之圍攻。

二、在匪發動吉長地區四次攻勢時，我軍雖成衰竭之勢，然仍能擊退犯匪，迫其退竄松花江北岸，未敢越雷池一步。如能當機立斷放棄點線守備，集中兵力機動進攻，以保持攻勢頂點之統合戰力，仍不失為主動制勝之道，無如處處牽就政治，不忍放棄已復地區，以致兵分力單，備前則後寡，備後則前寡，備左則右寡，備右則左寡，無所不備則無所不寡，正予匪以大吃小各個擊破之機會。蓋軍事貴有彈性，最忌處處設防，處處薄弱，若去彈性，則一點遭匪攻擊，到處抽兵堵擊，挖肉醫瘡，致中匪圍點打援之狡計。際此悍匪當前，大敵未破，我徒擁廣大領域，並無機動部隊堪資策應作戰，實乃軍事部署上之最大缺點。

三、四平鏖戰兼旬，我抽調 N6A、93A 會合 53A 由開源北進解圍，因地方及游擊武力脆弱與欠缺，是以守軍一經轉調，匪即捲土重來，如入無人之境，故創造戰力，應注意奇正之勢，有正規軍之建立，必以游擊隊輔之，控制正規軍以作機動使用，運用游擊隊以作牽制之圖，此奇正相生之道也。我軍經營東北未能注意及此，以致頓兵挫銳，進剿堵擊，保衛地方，均惟正規軍是賴，因此兵力分散，處處薄弱，匪乃得坐大，影響爾後之作戰甚鉅。

四、東北戰場於 36 年雖經數次作戰，但只求固守城鎮點線，在戰略上固已達成持久消耗戰之目的，而並未能殲滅其有生

力量。自第六次作戰形勢急轉直下，遼東放棄，長春、永吉益形孤立，控制之點線日漸縮小，反之匪控制之地區日漸擴大，且在蘇俄積極援助下，人力資源皆甚充足，故其整補容易，戰力恢復迅速，我則陷於內線侷促不利之狀態。

五、東北剿總匪情判斷錯誤，部署未週，指揮欠當，當時剿總認為四平之 71A 殘破，不堪一戰，匪必直趨瀋陽，乃置有力部隊於瀋陽外圍，採取守勢，然匪僅以截斷中長路為目的，並無攻略瀋陽之企圖，而四平適為其攻擊最佳之目標，遂乘我軍未及北上應援之際，反撲四平〔此句文字有錯誤乎〕，若非守軍官兵忠勇用命堅苦奮鬥，及援軍及時趕到，則四平之局勢可想而知矣。

五、當時守備四平之正規部隊僅 87D、54D 兩個整師，其餘類皆新編之地方部隊，但卒能擊退犯匪者，乃為我軍官兵決心堅強，上下團結一致，支撐危局，轉敗為勝，未始非防禦戰鬥之一大成功也。

六、解圍部隊轉用靈活，行動迅速，發揮內線作戰高度機動性，粉碎匪阻援破點之企圖，獲得豐碩戰果。

七、守軍在戰鬥前未能完成主要工事，迨至戰事爆發，始在砲火下匆促增強，因而損傷甚重，外圍據點亦於一、二日內均告失陷，若能早為準備，四平戰局當可改觀也。

八、陸空協同良好，發揮最大威力，亦為挽回四平頹勢之一因。

九、匪反撲四平係採正面後退兩翼包圍戰法〔此戰法應圖示〕，我軍增援懷德過於輕敵，致為匪乘，驕兵必敗，宜當深戒。

十、匪軍部署變更迅速，部隊機動指揮運用靈活，足為吾人效法。

二十、36 年 9 月 10 日，陳毅又由黃河北岸南竄，其自 7 月間負創渡河北逃，未及兩月，而又渡河南竄之教訓與戰史。

事實

36 年 7 月上旬，國軍於魯中地區分別擊潰匪陳毅部十二個縱隊，並搗毀其沂蒙山區老巢後，陳匪乃以對進戰術，向我後方分股流竄。7 月下旬糾集其 3CD、5CD、6CD、7CD、9CD 及快速縱隊等殘部圍攻我臨朐（整 8D），經我陸空聯合痛擊，戰鬥八日，匪傷亡慘重，除一部分散潛伏外，餘分向膠濟鐵路西北地區逃竄。8 月上旬陳匪主力 2CD、3CD、6CD 及快速、兩廣等縱隊利用夜暗及偽裝掩蔽，先後自博興、青城間北渡黃河，繼在惠民、禹城等處積極整補，連日我空軍分別出動，對黃河兩岸匪軍炸射，以阻截其行動。8 月 25 日我由濟南沿黃河南岸向東掃蕩之整 12D，收復青城，因行動遲緩，未能堵擊匪軍渡河。8 月下旬，匪在黃河北岸陸續整補完畢，其 6CD 由惠民經商河竄抵濟河附近，10CD 殘部由匪渤海軍區三個民團補充後共有五、六千人，踞禹城附近，另有不明番號匪二萬餘人由東北方面竄抵荏平附近，嗣以國軍主力分調膠東、魯西進剿，黃河北岸之匪軍遂於 9 月上旬乘機渡河南竄。9 月中旬國軍復由魯豫轉移整 10D、整 11D 於商邱、民權北上，會同濟寧以北地區之整 5D、整 84D、整 75D 南北夾擊，陳匪以腹背受敵，乃留置一部於鄆城、荷澤地區以行牽制，主力則越隴海路南竄黃泛區，使我大部華中地區為陳、劉兩匪麋爛，戰略形勢因而逆轉。

意見

一、36 年 7 月間，國軍擊潰陳毅匪主力後，未能揮師北渡，窮追猛打，將其捕捉獵滅，致使陳匪有休息整補之時間，殊為失策。

二、陳匪退過黃河休整未及兩月，又能渡河南竄，其補充迅速之原因實由於匪共運用土改及其他脅迫利誘諸種暴虐手段，達成人力動員，全面參軍，其補充兵力之方式分民兵、軍區部隊與正規部隊三級制，其正規部隊傷亡損失由軍區部隊及民兵依次遞補撥編，故補充簡便，恢復戰力容易。

三、俘虜政策收效，匪軍以其嚴密之組織為基礎，敢於大膽利用俘虜，故我軍被俘人員經其略加甄別訓練後，即分別撥補其部隊作戰，並迫令擔任最危險之任務，以減少其原有兵員之犧牲。又對於鹵自我軍之武器裝備，尤能善為運用，以補其匱乏。

四、我河防空虛，追剿部隊因行動遲緩，終不能達成堵擊任務，惟賴空軍偵炸截擊，匪軍利用深夜或不良天氣偷渡時，我空軍活動即受限制，且匪狡詐，善於偽裝，據悉此次匪軍渡河木船裝有木輪四隻，白晝將其拖至距渡口甚遠之村落掩蔽，入夜再拖出渡河，致使我空軍極難發現其大批渡河工具。

廿一、36 年 10 月 29 日戰術重點主義。

一、要旨

戰術上之重點主義，即作戰綱要所云：於企圖決戰方面適時集中可期必勝之兵力。孫子曰：形人而我無形，則我專而敵分，我專為一，敵分為十，我眾而敵寡，能以眾擊寡者，則吾與之戰者約矣。我如能適時適切形成戰術上之重點，全兵力縱居劣勢，仍能戰無不勝，攻無不克，反之如對重點之運用不當，或平均使用兵力而不能形成重點，則兵力縱屬強大，亦難免處處不敵，而終歸失敗。故戰術重點主義，以多勝少之原則，實古今戰術上不可動搖之定則，為疆場致勝之最高運用也。

二、形成戰術重點主義之要素

1. 先知孫子曰，知己知彼百戰不殆，須確實迅速之情報，對敵之企圖行動先期偵知，然後始可行所要之集中，形成戰術上之重點。

2. 集中「須將可期必勝之兵力澈底集中」，「澈底」二字最需做到。史蒂芬臨危猶高呼加強右翼，名將著意可法千古也。

3. 機動部隊必保持高度機動力，始可適時集中兵力而發揮之，如機動不及匪，則我至匪已遠颺矣。

4. 指揮官之膽識，為實行澈底集中，必須指揮官卓越之膽識，看破好機，放膽行之。如畏首畏尾，瞻前顧後，則難望達成適時適切之集中。

5. 目標選定，以殲滅匪之有生力量為主，非必要方面切戒浪置兵力。

6. 發揮三軍統合的戰力。

三、古今戰例

戰史方面

　　坎尼會戰漢尼拔能大獲全勝，在其置重點於兩翼，迂迴而成功。拿破崙以十六萬兵力戰勝廿八萬普俄聯軍，在能澈底集中兵力於決勝點。坦能堡會戰興登堡殲滅俄軍十萬，因其能在大軍南翼形成重點之故。楚漢彭城會戰項羽以二萬八千騎兵將劉邦五十六萬大軍構成之大縱深地帶突破，使其潰不成軍，睢水為之不流，均戰術重點運用克敵致勝之歷史例證。

剿匪方面

　　國軍大陸剿匪時期，因未能集中兵力而致失敗之例證甚多，茲舉江西各次圍剿說明之。

　　第一次圍剿，國軍十萬人，匪四萬人，失敗於未予以殲滅性打擊，反予匪軍機動，集中四萬人消滅國軍張輝瓚九千人。

　　第二次圍剿，國軍二十萬人，匪三萬餘，匪先集中全部力量，找最脆弱之一環，王金鈺、公秉藩部重創之，以致圍剿形勢破碎。

　　第三次圍剿，國軍二十餘萬人，匪主力四萬人，集中分別打擊上官雲相、郝夢麟、毛秉文各師，並鑽隙迴避我主力，乘我疲憊退卻再予打擊。

　　第四次圍剿，我以三路分進，主力在東路，匪集全力先打擊國軍西路，一舉消滅國軍李明、陳時驥兩個師，遂影響國軍爾後作戰。

　　以上各次圍剿，國軍以絕對優勢兵力，始終未能捕捉匪軍主力予以決定性之打擊。最後第五次圍剿，〔乃以集中主力，採取重點主義，向敵逐步迫進，卒〕告成功，〔然未能阻止〕匪軍流

竄，〔以致演〕成今日之坐大，深茲惋惜，〔此乃桂、滇各軍堵
剿不力，任匪進出，如入無人之境〕。

國軍剿匪因集中兵力而成功之例證亦有

　　山東匪軍陳毅於36年春擊破我整74D後，以魯南為根據地，
整備擴大擾亂。國軍為消滅陳匪主力，搗其巢穴，乃採取戰術重
點主義，集中兵力約九個整編師，對陳匪老巢大山地之南麻實行
中央突破，其間未經重大戰鬥，陳匪即離心退卻。國軍除留整
11D守備南麻防止陳匪回竄外，其餘跟蹤追擊。不纂月，陳匪忽
率其主力約十萬之眾突擊南麻，經國軍再度結集兵力，內外夾攻
並調濰縣之整8D南下策應，陳匪於圍攻南麻八日不逞，遂轉向
攻擊正在南下中之整8D，在臨朐展開激戰。國軍一面以整8D
固守臨朐，一面集結兵力，作第三度的轉向陳匪攻擊，結果陳匪
傷亡慘重，一部逃向膠東，主力越黃河休整。是役事後察知陳匪
主力經此次打擊，幾消滅殆盡，按國軍之所以獲此重大戰果者，
完全由於兵力集中及採取戰術重點主義所致。

　　延安為匪盤據十年以上之老巢，36年6月，我胡宗南部集中
兵力深入腹地，卒致犁庭掃穴，匪酋遠竄。

四、結論

　　綜觀古今名將成功之史實，其對戰爭之指導，莫不極力講求奇
正虛實運用變化，然其戰法雖翻新，名目雖不同，要皆不脫離戰術
重點主義。今後國軍對匪作戰初期，乃以劣勢對優勢，為求改變敵
我形勢，爭取劣勢中的優勢，弱者中的強者，不利中的有利，被動
中的主動，胥在我國軍將校之澈底運用戰術重點主義，以求各個擊
滅匪軍，爭取均勢，進而取得優勢，乃可一鼓蕩平匪敵也。

廿二、36 年 10 月 16 日，煙台佔領後伏匪狡計之教訓。

事實

36 年 9 月，國軍進剿膠東，至 10 月 2 日止，連克萊陽、蓬萊、福山、煙台諸要點，是役我軍多中匪狡計，我軍向東進剿，匪則鑽隙西竄，我軍向西進剿，匪則鑽隙東竄。10 月中旬整 54D 主力由煙台南下，防務由整 8D 接替，久停不戰，使匪獲得喘息機會，戰力賴以恢復，匪焰復熾，造成到處局部優勢，圍點打援，使我被動，並曾以 13CD 及膠東軍區部隊約四萬人潛伏於五龍河以東地區，乘我軍向北掃蕩之際，猛烈圍攻我孫受、夏格莊等地守軍（整 54D 一部），當時因判斷錯誤及通信連絡中斷，雖經三晝夜之奮戰，卒以孤軍無援，遭受重大損害，而影響膠東後期之作戰。

意見

一、膠東進剿，我軍雖迭克要點，佔領龍口、煙台，截斷匪軍海上國際通路，在戰略目標上不可謂非重大之收獲，但未能乘勝積極捕捉殲滅匪軍主力，使匪得鑽隙對進，伺機潛伏，乘機對我進行各個擊破之作戰。

二、1CA 兵團部（范漢傑）對匪情未詳加研判，又未能採納下級建議，例如當整 54D 奉令由棲霞北進掃蕩時，曾發覺五龍河附近有伏匪，企圖不明，曾建議兵團部先擊潰該匪再向北掃蕩，而兵團部未予採納，且亦未作適當之警戒處置，一味輕敵暴進，致使孫受、夏格莊守軍蒙受重大損害，影響全局。

三、范兵團部自攻佔煙台後，對各部隊約束過嚴，下級指揮官無

活用之餘地，舉凡逐日行動地點、行程、掃蕩區域均有制式細密之規定，處處形成被動，而不顧戰地實情，以適應狀況之變化。此後對戰略單位以上部隊，應予以較充分之準備時間及授予適宜適機處置之權限，俾事前有週到之準備，臨事能適應情況，把握戰機，易收效果，以免為匪所乘。

四、國軍兵力過度分散，且又不時分割建制，致戰力不能充分發揮，而匪則隨時乘國軍不備，澈底集結兵力攻擊一點，故應盡量避免分割建制，俾能發揮集體力量，摧破任何強敵。

五、對匪我兵力估計，宜確實加以檢討。匪步兵裝備一般並不遜於國軍，且能配合民兵到處向國軍襲擊破壞，使國軍補給及重兵器運動困難，致火力上未能隨時保持優勢，同時匪補充迅速，僅從兵力消長數字判斷匪軍戰力，往往估計過低，因此國軍於戰場上形成兵力之劣勢。

六、各部隊防守要點，雖時間短暫，亦應構築良好工事，以防萬一。此次我孫受、夏格莊守軍即因工事薄弱，未及援軍到達，即遭受嚴重損失。

七、守點守線，應注重〔組訓民眾武力〕及偵察與通信〔設備〕，偵察必須確實，通信不可中斷，如萬一中斷，各級指揮官須預知上級之意志，以鎮靜之頭腦作果斷之處置為宜。

八、村落防禦，須注重掃清射界，否則敵人利用種種方式，易於接近我軍陣地。

九、海陸軍配合不夠切實，煙台克復，海軍艦艇到達較遲，威海衛攻略，陸軍行動較緩，此後作戰似宜注意，如何使三軍聯成一體。

十、戰地民眾為匪控制，情報來源閉塞，必須有相當時間從事搜索，且戰地地形不熟，地誌不詳，偏僻山區實地與圖上每有

出入，故選擇進路與部署行動等，宜使戰略單位指揮官能適應事機決定取捨。

十一、抗戰時膠東一帶雖為日軍盤踞，但其僅作據點之防守，大部地區仍為共匪所控制，戰後國軍亦未全面收復。戡亂期間，民眾多傾向共匪，故我孤軍深入，既未提高警覺，作搜索戒備之措施，又未能改變民眾之傾向，政治措施不能確保收復區之成果，故我至則屬我，我去則屬匪。

十二、今後對收復區域之遠近搜索，交通封鎖，以及宿營之警戒，室內外之檢查等，皆應特別注意，不可稍忽，免中奸計，並應成立軍政府及管理民眾之機構。

十三、匪善聲東擊西，常能變換攻擊方向與攻擊重點，並善敵前宣傳（接近時高呼某某被俘，某師被擊潰，並散發傳單，圍攻時則在陣前豎立大標語），施其欺詐之手段。

廿三、36年11月1日被俘將領放回之嚴重。

　　共匪見於過去公開殺害俘虜之失策，乃配合作戰計劃在必要時期，施行大量放俘政策，予我以嚴重之損害。如36年冬，繼魯西戰役後，劉伯誠匪大規模向大別山流竄，配合黃泛區陳毅匪與伏牛山陳賡匪之作戰，乘國軍處境困難之際，將預先訓練之國軍俘虜為數約三千人予以釋放，至38年春「和談」破裂，匪擬渡江之前夕，於津浦、平漢兩線實施廣正面之放俘，其到達國軍第一線或乘隙進入我後方者不下二萬餘人，隨後匪軍乘勢挺進，此二者均促使我前後方造成混亂，以致軍心瓦解無法作戰。

　　匪之訓練俘虜而適時釋放之政策，實乃基於心理作戰以造成我方處置之困難。早如35年4月我陸軍4R／2D鹵獲匪之「戰士」報載有匪「俘虜政策」論文一篇，其內容大要為：

1. 優待俘虜－不搜腰包，不打不罵，送後方妥招待。
2. 感化俘虜－集體講話，個別談談，暴露我弱點，爭取我同情，經常使其閱讀書刊報章。
3. 釋放俘虜－按階級及知識水準，感化後釋放，使為「我」宣傳，動搖「頑軍」戰志，瓦解其士氣。

　　在實施上匪運用各種欺詐之技巧，其所獲之效果，就攻心而論：

（一）使被俘者誤認為：

　　（1）匪之邪說不無理由。

　　（2）匪之行為尚屬正當。

　　（3）匪之力量已成壯大。

　　（4）匪之政策確屬寬大。

（二）被俘者釋返後對我軍之影響：

（1）以為被俘仍可生還，不願作殊死戰。

（2）好奇心驅使，不免對匪稍存幻想。

（3）忠奸混淆是非莫辨，武德敗壞戰力減退。

此外就增加我處置之困難而言，明知此等釋返之被俘人員對我有百害而無一利，但殺之不可，用之不宜，棄之報怨，且人數甚多，需索糧餉，驟增意外之負擔，更使財力支絀，38年此等人員之向國防部請求救濟或索求積薪即可概見。

被俘將領之釋返對我影響，尤甚於一般官兵。就當時道經鄭州被俘之師旅長而論，一次即達五、六員之多，此等人員表面雖極恨匪，實則無形中已中共匪毒素，對於敵我之辨已漸模糊，一經再任軍職，形成降將榜樣，即令不任軍職，亦成為匪在我方無言宣傳之工具，況其中仍不免有暗中為匪工作者。如襄宜戰敗與康澤同時被俘之副手郭勳棋，於釋返南京後，常引劉伯承匪之誑言，以動搖人心，並未經國防部允准，擅自購機票赴川，其間雖一度受阻，終於返川後暗與劉伯承匪聯絡，至我成都撤退時間，為匪擔任川西地下軍總指揮。至其餘師團以下釋返之被俘人員，暗中替匪工作者更勿論矣。

由於過去之失算，今後之對策謹略舉如下：

一、平時應加強思想之訓練，並施以被俘教育。

二、提倡氣節，砥礪品德，養成「寧死不屈」之精神。

三、嚴密黨的組織，以組織控制其行動。

四、慎選將領，加強品德之考察。

五、對釋返之被俘將領，應按其情節，予以管訓或交軍法審判以明是非。

六、對釋返之被俘人員，不可仍回原部隊或遞任實職。

七、對釋返被俘人員之管理與訓練，宜設專業機構予以隔離之管理。

八、對被俘不屈或遭匪殺害之忠貞官兵，應力加表揚，並特卹其遺族，用資激勵。

其次所應注意者如：

一、過去匪之放俘政策，實係配合多方條件與客觀情勢而造成推波助瀾之舉措，外表視之雖甚單純，而實際之牽掣則頗繁複，故對此問題之研究必須冷靜深入，未可僅以殺之棄之作為處理此等被俘人員之有效方法，否則中匪奸計為害更甚，惟答案中持此種見解者為數不少。

二、今後我反攻大陸與過去撤離大陸之形勢迥然不同，敵我政治情況與過去相較亦主客異勢，匪欲故技重演已不可能。尤以過去投降匪者，均已若非遭受殺害，則為俄帝驅供侵略砲灰，事實昭然斷難再事掩飾欺騙，為求對本問題預防之萬全計，除案內所列之八項對策外，見於過去我官兵對匪之毫無認識致被匪所愚，故今後亟宜加強此項認識教育。

三、對匪認識教育之取材，決不宜呆板陳舊，尤應避免使用八股式之教本作連年之習誦，亟宜針對需要隨時搜集匪方資料，予以剖析，使受教者對匪之變化陰謀適時認識。至於匪對過去國軍被俘人員之殺害及俄寇種種暴行，應於教育時予以結合，使官兵了解民族革命戰爭的意義與亡國奴悲慘之遭遇，而堅定其殺敵意志和不屈的精神。

廿四、對匪坑道作業與陣地構築方式，及其鍥入我兩軍之間，隔絕我連繫不能打通戰法，應特別研究。

甲、匪軍坑道作業有兩種，一為攻擊坑道，一為防禦坑道。茲分別說明如下。

一、攻擊坑道

（1）要領

    1. 匪對我城垣圍寨及碉堡等堅固據點圍攻時，為減少傷亡，常施行坑道作業。

    2. 按我據點之大小，由一面或數面自我軍視線以外，則利用夜暗遠距離開掘。

    3. 坑道大方向採直線，小方向曲折，使空中不易攻擊。

    4. 坑道內並構築側防堡及待避所，以防我軍襲擊。

    5. 主坑道掘至近距離，則掘多數之支坑道包圍我火點。

    6. 多數坑道完成後，同時爆破，地面部隊利用爆破成果及瞬間向據點猛衝。

（2）戰例

    1. 36 年 4 月劉匪伯承圍攻我安陽整 40D，曾徵用煤工三千人挖掘坑道。

    2. 38 年 5 月上海匪 28A 對我 52A 之攻擊亦曾使用坑道。

    3. 匪對四平、長春、濰縣、運城、臨汾、石家莊、太原、雙堆集、陳官莊之攻擊，均曾使用坑道。

    4. 匪圍攻大同時通過飛機場直線挖掘坑道遂行攻擊。

（3）我軍對策

    1. 空軍嚴密偵察。

2. 在匪後派出便衣斥候偵察。

3. 設置瞭望哨偵察。

4. 多挖曲折外壕，加深加寬，超過匪坑道深度，壕內設置縱射、側防火力，可能時灌水。

5. 陣地前外壕內外多埋設地雷。

6. 增加測音設備或利用水缸，經常偵聽，尤其夜間加強偵聽。

7. 夜間派出小部隊襲擾之。

8. 我亦挖掘坑道以粉碎之。

9. 多設預備工事，以防第一線被突破時仍能繼續戰鬥。

10. 實施氾濫。

11. 加強照明設備。

二、防禦坑道

（1）要領

　　匪在防禦中，尤其村落防禦時常掘有多數坑道，以為交通連絡祕匿企圖，夜暗偷襲後退潛伏之用。

（2）戰例

1. 37 年 7 月T32D 攻擊保定以南匪盤據七年之水村，攻擊中匪已潛匿無蹤，攻入後反四面遭匪夾擊，機槍多自墳墓中射出，其射口甚小不易發現，我軍死傷達 200+，而匪傷亡極小，僅發現匪屍數具。

2. 蘇北進剿時匪軍亦曾使用此種坑道。

（3）我軍對策

1. 攻擊前詳細偵察其坑道，利用空軍與砲兵先行破壞，封鎖其坑口。

2. 攻佔後利用俘虜，僱用村民，嚴密搜索，封閉其坑口。

3. 以水引入坑道，或以柴草、硫磺、辣椒塞入坑內燃燒後，以土覆之，或以毒氣煙幕火焰放射等灌入之。

乙、匪軍陣地構築。

（1）要領

1. 沿襲蘇軍之大縱深環形防禦。

2. 有斜交陣地、側面陣地。

3. 村落防禦時，工事多在村外，山地防禦時，工事多在反斜面或凹處，以減少損害。

（2）戰例

　　徐蚌會戰，匪軍圍困我軍時，常利用星羅棋佈之村落以小兵力據守，作縱深五公里以上之面形防禦，使我軍每遇一據點即須展開兵力從事攻擊，終至氣衰力竭而不能突圍。

（3）我軍對策

1. 攻擊前詳細偵察或行空中照相，威力搜索。

2. 集中火力摧毀其工事。

3. 以步兵跟隨強大戰車部隊迅速突破其縱深。

4. 攻擊部署務須有大縱深集中兵力遂行突破。

丙、匪軍鍥入我兩軍之間，隔絕我連繫不能打通。

（1）要領

1. 匪集中優勢兵力，利用夜間，選我間隙突破攻擊。

2. 突破後一部監視，主力深入蓆捲包圍。

3. 蓆捲包圍目標為我之一部而非全部。

（2）戰例

1. 36 年 3 月匪埋伏於新泰以南，突入我王耀武與李仙洲部

中間，而殲滅李兵團。

2. 36 年 5 月孟良崮之戰，匪第四縱隊鍥入我整 25D 與整 74D 間而包圍殲滅整 74D。

3. 37 年 1 月 35A 在淶水作戰，兩師間隔 10KM，被匪鍥入，李銘鼎師被匪擊破，師長陣亡，軍長魯英麐引咎自戕。

4. 37 年 7 月中原之戰整 75D 被圍於榆廂舖，整 72D 在鐵佛寺，因缺少攻擊之企圖，坐視整 75D 被匪殲滅。

5. 37 年碾莊之戰，陳匪六個縱隊鍥入李彌與黃伯韜之間，而殲滅黃兵團。

6. 38 年 5 月 13 日上海作戰時，匪 28A 之一營鍥入我 52A 2D 5R 第二營陣地，但其第一、三營屹立不動，翌日拂曉即以師預備隊擊滅之。5 月 14 日匪 29A 復以一團鍥入 2D 與 25D 接合部（楊行、大場間），惟守備部隊堅強不動，夜間即以軍預備隊兩團殲滅之。

（3）我軍對策

1. 加強接合部配備，加強鄰接部隊協同。

2. 加強夜戰訓練。

3. 被突破時毅然以砲、戰、空協力夾擊殲滅。

4. 明確劃分作戰地境線。

5. 縱深配備加強防禦韌性。

6. 統一指揮互相應援。

7. 不固守點線，大膽出擊，機動作戰。

廿五、36 年 12 月初，海陽整 54D 雌伏不敢行動之戰史。

事實

36 年 10 月中旬，我整 54D 由煙台南下，掃蕩棲霞附近殘匪，續向水溝頭附近掃蕩前進。10 月 25 日於夏格莊斃匪數百名，匪向海陽方面逃竄。11 月初整 54D（欠整 198B）跟蹤追剿匪軍至海陽時，為優勢匪軍 13CD 及膠東軍區部隊圍困，國軍以整 76B ／整 9D 及整 198B ／整 54D 前往增援，進至橋頭、金口附近被匪分別包圍，此時整 54D 主力整 8B、整 36B 雌伏海陽，因不明匪情，始終未敢出擊。迨整 76B 及整 198B 與匪激戰至 12 月 2 日，始於金口會師但已無力續向海陽前進。12 月上旬整 54D 主力遂由海軍代總司令桂永清親率艦艇，由海上撤運青島。

意見

一、海陽背山臨海，整 54D 進抵海陽時，未能控制北方高地，致其行動均在匪軍瞰制之下，因而雌伏固守城區，復因該師惑於匪情，不敢行動，實則匪軍包圍部隊，為匪後方部隊改編之 13CD，戰力極弱。當時整 54D 如能明察匪情採取積極行動，遵令出擊，與我金口部隊相呼應，則膠東掃蕩任務仍可順利達成。

二、國軍中上級指揮官之戰術思想，守勢作戰觀念太重，對奸匪流寇之作戰指導過於呆板，因而處處顧慮，處處挨打，對以攻為守的戰法頗少運用。

三、指揮官之保守性太大，不求有功但求無過的心理過於濃厚，因之勇敢果決旺盛的企圖心低落，部隊之機動性亦隨指揮官

之保守性而低減。

四、過於依賴空軍，無空軍之支援即不能獨立作戰，而有空軍支援時，亦不能利用空軍之制壓成果向匪攻擊。

五、我軍官兵大部係江南籍，天降大雪不能耐寒，每逢冰雪行動即趨緩慢，且部隊輜重太多，裝備笨重，士兵背負太重，行軍日久，倍覺疲勞。

六、此役海軍協助陸軍於敵前撤退，無任何損失，達成艱苦任務。惟登陸艦艇之運用技術尚嫌不夠，今後應嚴加訓練，並須與登陸部隊密切配合。

七、匪軍包圍我軍後，不顧任何犧牲，猛烈攻擊。如攻擊三日後不能奏效時，則一面利用夜暗以小部隊向我擾亂，其主力則構築工事近迫我陣地，以圖久困，並對我增援之要點，構築工事，阻擊我增援部隊。

廿六、36年10月11日，魯東整64D被圍與整9D赴援，相差不過四、五公里之距，始終不能連接，而被匪隔絕之戰史，應研究其究竟，實為部隊長官無決心，士兵無銳氣，卒致頓挫所致乎。

事實

36年9月，我第一兵團以整54D、整25D、整9D、整8D為第一線，整64D為第二線，分由膠縣、高密、昌邑等地向膠東殘匪進剿，8日克平度，18日下萊陽，23日匪主力在畢郭集、通頭（萊陽、掖縣間地區）間鑽隙西竄，我以整9D跟蹤追剿，同時以整64D（欠整158B）由平度北進堵擊，整64D於10月2日追至范家集附近，為陳匪2CD、9CD、13CD圍攻，戰況至為慘烈。3日整9D向蘭底前進途中，奉令轉沿膠河右岸往解整64D之圍，因往返轉調，至當日17時始得開始攻擊，時匪10D及1CD、2CD、6CD之四個團連夜向整9D猛撲。4日拂曉該師以主力冒雨鑽隙進攻。五日晨匪勢稍挫，該師續向台頭、紅石山挺進。至6日8時攻抵紅石山時，我軍傷亡甚重，匪復糾集7CD及4CD、9CD各一部對紅石山反復爭奪，該師乃於7日以一部牽制當面之匪，以整9B、整76B主力分由兩側鑽隙向范家集進攻，但中途均遭匪軍截擊不得前進。8、9日激戰終日，雙方傷亡均重，匪始漸呈動搖。11日攻佔紅石山，乘勝進出，始與整64D會師。

意見

一、我軍之間缺乏生存與共、利害與共之精神，與相互救援之美德，且命令不盡服從，規勸亦鮮效果（是役曾空投命令函件

多次，收效甚微）。

二、整 9D 於亭口激戰之後，即奉命增援整 64D，兵力疲憊，被匪有力部隊節節阻擊，冒雨衝進，且戰且前，於紅石山爭奪戰爭中曾以兩旅主力分由兩翼鑽隙突進解圍，副旅長、團長等均有傷亡，雖進展時間稍遲，但該師士兵戰鬥精神尚屬旺盛。

三、作戰地區為沼澤地帶，且匪踞各村莊均有外壕，難攻易守，同時大小道路早已為匪作有計畫之徹底破壞，人馬通過困難，尤以 10 月 4 日連日陰雨，部隊運動更加困難。

四、整 9D 自 10 月 1 日－15 日所需糧食約五十萬斤，實際所領不過五萬斤，尚不足兩天食用，在此種情形下，士兵難免違犯軍紀，搜集雜糧，挖掘紅薯充饑，又須派兵掩護，減損戰力。

五、攻擊紅石山、台頭等地消耗彈藥與攜行數、空投數相差甚巨，且所投尚有榴砲彈，不適〔其〕師〔之〕使用，致 19 日攻擊紅石山戰況順利進展中，忽因彈藥中斷而遭受頓挫。

六、攻擊亭口及紅石山、台頭等役，該師整（9D）傷亡計一千一百餘員名，因擔架及輸力不足，無法轉運，傷患留置遍地，迨運送平度時每次派遣護送部隊即須一營以上之兵力，致分散兵力影響作戰。

七、紅石山、台頭等地為范家集外圍，乃匪必守之要隘，整 9D 增援取道紅石山隘路自 10 月 6 日－11 日始終為對紅石山、台頭之爭，奪激戰達六日之久，雖紅石山距范家集相隔僅數公里，但在匪軍預定計畫之中，猛力據險阻擊，實可望而不可及，如初時能機動使用，繞道突進，路程雖遠，似當能出敵意外，完成任務。

八、被圍部隊只知死守待援，缺乏旺盛之企圖心，並未能與援軍配合作戰，夾擊匪軍，似屬失策。

九、整 9D 赴援，以阻於匪之坑道作業而蜘蝓，惑於匪情之不明而畏縮，非士兵無銳氣，乃部隊長官無決心，因循敷衍，希圖保存實力，故遇匪頑抗即停止不前，加以軍中無核心骨幹組織，不能發生領導作用，亦為被阻不能連接之原因。

十、參加作戰之空軍，雖係統一指揮，但指揮所設於濟南，與陸軍指揮機構相距過遠，連繫不密切，情況不確實，且未統一區分各基地（青島、濟南、徐州）之出動時間與空間，致第一線有時無機協同，有時三基地之飛機麕集一處，攻擊遂行困難，亦為不能連接原因之一。

十一、匪以圍點打援戰法，使我援軍進展遲緩，而被隔絕，以致無法達成任務。

十二、匪軍作戰精神旺盛，情報確實，戰法能適合戰場情況，靈活運用。

十三、匪軍宣傳與軍紀收效，如被俘不屈，死守不退，故能以一部兵力達成持久之任務。

廿七、37年6月底至7月1日，區壽年軍在杞縣與睢縣間地區之龍王店附近被圍，與增援部隊之隔絕戰史應澈底研究。

事實

37年6月中旬，匪陳毅部3CD、8CD、11CD乘我整75D向北移動之虛隙，竄陷開封，我5A由魯西星夜馳援，陳匪主力1CD、3CD、4CD、6CD、TKCD、兩廣CD乃乘機自魯西越隴海路南竄杞縣、睢縣及陳留間地區。6月26日國軍收復開封後，續向匪進剿。27日我區壽年兵團（整72D、整75D、N21B）進抵睢縣以北鐵佛寺、龍王店各附近地區時，以各師距離稍大，匪乃窺破好機，以4CD、6CD、11CD、TKCD、兩廣CD等五個縱隊之優勢兵力切斷我整72D、整75D間連絡，並將我軍各個包圍攻擊。此時我邱清泉兵團（5A、整83D、整1KB）由開封向杞縣東進馳援，18A由確山進抵周家口，鄭州孫元良部進抵中牟，黃伯韜兵團（整25D及快速縱隊、交警第二總隊）由商邱西進，原擬解整72D、整75D之圍，並形成對匪大包圍之態勢，但邱清泉部到達杞縣東南地區時遭匪3CD、8CD、10CD堅強抵抗，未能迅速前進。6月30日區壽年部處境危殆，而邱部為匪隔絕約二、三十公里之距離，仍無進展。自6月28日至7月2日，我區壽年軍與匪苦戰五晝夜，整75D全部犧牲，兵團司令官區壽年及整75D師長沈澄年均被俘。待我黃伯韜兵團星夜趕抵帝邱店附近地區時，匪復轉用兵力將黃兵團包圍，因黃司令官指揮得當，相持至7月5日，予匪重大損傷，同時我18A及孫元良部均兼程東進，匪已不支，呈動搖狀態，我邱兵團迂迴至尹店附近打擊匪之側背，匪乃利用夜暗脫離戰場，向隴海路以北地區

逃竄。

意見

一、匪攻下開封後為有計畫之兵力轉移，我未能判明匪情及匪之
　　主力所在，即擴大戰果，區壽年軍見匪於開封狼狽逃竄，便
　　率爾作無搜索、無部署之輕進，遂種下失敗之因素。

二、開封匪主力已轉移他去，此時徐州指揮部不集中優勢兵力
　　尋求匪軍主力決戰，反令邱清泉兵團收復開封空城，令區
　　壽年兵團南下進剿，致兵力分散，予匪可乘之機。

三、我軍在戰略上過於重視城市之得失，未能制敵機先，於有
　　利時機求敵決戰，捕捉匪有生力量而殲滅之，致行動處處落
　　後，陷於被動。

四、我 N21B 在陳小樓，整 75D 一個旅與師部及兵團司令部在
　　龍王店，另二個旅在楡廂舖、回示舖，與整 75D 師部距離
　　約八公里，而二旅間之距離亦有三、四公里，因兵力分散致
　　遭匪切斷連絡，各個包圍擊破。

五、兵團間未能互相策應，而區壽年軍各師亦各自為戰，不講求
　　協力以夾擊匪軍。當整 75D 被匪主力包圍苦戰時，N21B 為
　　新編部隊自顧不暇，而整 72D 雖當前情況較鬆，亦未能出
　　擊應援，以致整 75D 久戰無援，全軍覆沒。

六、我最高統帥雖曾一再嚴令邱清泉兵團迅速增援，且徐州、
　　鄭州空軍第一、第三、第五、第十一大隊全力支援其前進，
　　而邱兵團行動遲滯，達三天之久，匪得以逐漸加強其防禦陣
　　地，阻我前進。邱兵團受阻後又不敢及早大膽左翼迂迴側
　　擊，致時間落後一步，整 75D 陣地遂遭匪軍突破。

七、黃伯韜兵團由津浦中段回師，向西增援，不意中途交通為

匪破壞，進軍時限因以延遲，予匪以佈署圍點打援之時間。黃兵團進入戰場後亦未能擊破當面之匪，惟處於被動苦戰狀態，尚能堅忍固守，予匪以重創。

八、當時我區壽年、邱清泉、黃伯韜三個兵團如能發揮機動性之戰力，密切連繫協同一致，分別集中兵力，向匪之主力夾擊猛攻，不顧匪之打援慣技，而專以捕捉殲滅匪之主力為唯一目標，則中原戰役可能改觀。

九、匪雖善於運用圍點打援，以大吃小，分割包圍，各個擊破之戰法。惜戰場指揮官在戰略開進時，即予匪以可乘之弱點，在戰鬥指揮中，復無適合機宜之處置。

十、匪能捨棄要點，爭取主動，迅速集中優勢兵力，求我決戰，以殲我有生力量，並以一部兵力牽制阻遏我強大援軍，以達其預期戰果，實為其所長。

廿八、37 年 7 月 4 日—7 日日記，中原之戰河南杞縣、睢縣附近之帝邱店（整 25D）、榆廂舖（整 75D）、鐵佛寺（整 72D）等地之戰役，應特別注重詳記。

事實

　　37 年 6 月 22 日，陳匪陷開封後復南竄睢縣、杞縣地區，27 日我區壽年兵團指揮整 75D、整 72D、N1B 擔任追剿任務，當整 75D 進抵榆廂舖，整 72D 進抵鐵佛寺附近時，與匪六個縱隊（1CD、4CD、6CD、11CD、兩廣 CD、TKCD）遭遇，遂即展開激烈戰鬥，匪施其「鑽隙隔絕」之戰法將我守軍各部隔絕，使我彼此間失掉連繫與支援，復以「以大吃小」之戰法圍殲我整 75D，經三晝夜之苦戰，該師以孤軍無援，終難免被殲之命運。我邱清泉兵團指揮 5A、整 83D、整 1KB 於杞縣西南地區為匪兩個縱〔隊〕（3CD、8CD）所阻無法前進，我整 25D 黃伯韜部附第三快速縱隊及交警第二總隊奉令馳援區壽年兵團，6 月 29 日由滕縣登車，於 7 月 1 日午到達柳河下車後，即兼程前進，當夜即以奇襲攻佔帝邱店斬獲甚眾。2 日以第三快速縱隊在右，交警第二總隊在左，整 25D 居中，繼續向西攻擊。匪仍施其一貫故技，層層阻擊，我則展開逐屋戰鬥，集中全軍火砲向匪射擊，一時頗收功效，擔任右翼之快速縱隊（原傘兵總隊改編）以素無作戰經驗，遭匪伏擊，即潰不成軍，車輛、武器全部遺棄，影響戰局不為不大。此時整 25D 既要擔任主攻，又要擔任掩護與收容，大有力不從心之感。4 日匪軍大量增加，向我大舉反撲，該師遂亦陷於重圍之中，不得已乃改攻為守，當戰況極為慘烈時，黃師長親率所部衝殺，並於攻擊前書立遺囑，將日記、手錶、鋼筆等轉交與副師長保管，復宣示全軍官兵曰「我如不幸陣亡，爾

等應在副師長領導之下，與匪拚戰到底，誓死達成任務。」以是士氣大振，經兩小時之激戰，卒將已失去之陣地奪回，戰局得以轉危為安。6日夜又預設埋伏，擊退來犯之匪，斬獲無算。翌日拂曉與整72D余錦源部會師於董店，我邱兵團迂迴至尹店附近，匪以側背感受威脅，始於6日夜、7日晨相繼北竄，綜計是役持續半月，斃傷匪約十餘萬人。

意見

一、區兵團與邱兵團分道進剿時，連繫協同欠週，致被匪個別包圍與阻擊，達到其「鑽隙隔絕」、「圍點打援」之目的。

二、匪為澈底打擊區兵團，故於邱兵團增援必經之路（杞縣西南地區），預設縱深陣地，準備阻擊，結果邱兵團之行動果不出其所料。

三、邱兵團於作戰初期，不知出匪不意，繞道迂迴或鑽隙前進，僅由正面攻擊。在匪預先佈置下，處處陷於被動，迨繞道匪之側背時，則區兵團與黃部已被殲大部矣。

四、整25D千里馳援，因中途交通為匪破壞，進行遲緩，未能及時趕到，予匪以「圍點打援」之時間，惟該師下車後官兵奮不顧身勇猛衝入匪陣，對帝邱店施行奇襲，戰況至為慘烈，此種忠勇團結犧牲救人之精神，在戡亂作戰中誠堪旌表者也。

五、我軍行動遲緩，且忽視戰機，坐視成敗，不能制敵機先，互相呼應，竭力支援，予匪以可乘之機，致我整75D全軍覆沒。

六、匪軍行動敏捷，判斷正確，善於把握時機，求我決戰，以遂其「以大吃小」、「各個擊破」之戰法。

七、幹部驕惰，軍紀廢弛，輕視敵人，士氣消沉，亦為失敗之因素。

八、預知匪來攻，先機設伏，奇正互用，常可克敵制勝。

九、陸空密切協同良好，互戰鬥之始終，空軍能集中兵力，統一指揮，捕捉戰機，發揮至高威力，予匪以嚴重打擊與損害。

附件（一）偽裝與被俘人員之組訓。

（甲）組織方面

1. 將被俘人員編成小組，以訓練精幹之人員為小組長。
2. 小組內密派我政府幹練之偽裝被俘人員，且指示其常有不滿現實之言論，以探取被俘人員之思想言論態度，以作考核之參考。

（乙）訓練方面

1. 加強生活管訓，使其行動言論均在我控制範圍之內。
2. 利用各種方式明瞭其個人思想、言論、態度、經歷、家世、志趣等。
3. 多作匪黨理論批判，窺探其反映態度。
4. 宣揚三民主義與自由民主之真諦，並與現實對證比照，以加強對三民主義之信仰。
5. 研讀本黨各種書籍及總裁訓詞，並須報告心得。

附件（二）製造匪區民眾之對立運動。

（1）製造仇匪心理

a. 加強對匪區之宣傳。以紙彈、廣播、空中喊話以及反共忠貞份子發起耳語運動，以揭發赤俄侵華及奸匪賣國之諸種事實，與匪幹貪污腐化欺騙壓榨民眾之內幕，使匪區民眾普遍仇匪。

b. 宣揚民主世界之實力，台灣之進步，以及我領袖與全台軍民反攻復國之決心與計劃，使匪區被欺騙之民眾由對匪失望而仇恨奸匪。

（2）造成民眾與匪不能共存之局勢

遣派大量忠貞反共份子滲入匪區，鼓勵被奴役壓榨之大陸人民由消極之抗稅、抗糧與逃役，進而暗殺匪幹，破壞奸匪之軍經交通設施，使民眾與匪立於不能並存之勢。

（3）領導支援匪區民眾，發動對匪之游擊戰

a. 組織抗匪民家，以擴大大陸上之自由區與游擊武力。

b. 選派適當人員，統一領導大陸上各游擊武力，使其游擊活動能配合我們之反攻計劃與當前之國策。

c. 建立台灣與大陸游擊區之聯絡補給制度，以武器彈藥與醫藥不斷的接濟游擊部隊，使逐日壯大。

前陳各項似應在一有力之機構下策定一統一連貫（可包括其他民主國家之反共力量）之方案，分別緩急逐步實施，以速使我反攻復國大業之完成。

附件（三）研究匪的戰鬥手冊與目前的戰役問題小冊。

共匪戰鬥手冊係林匪彪〔匪軍〕東北民主聯軍總部頒發，針對當時東北國軍所擬之戰法，書內特別注意下級幹部應盡的責任，尤其注意當戰鬥打到精疲力竭時，指揮官如何以身作則，扭轉戰局，爭取最後勝利。手冊文字淺顯，扼要具體，把複雜的戰術原則化為平淺易懂的作戰口號。茲分述如下：

一、指揮要則

1. 確有勝利把握，對整個戰局有利時，則果斷的決心去打。
2. 指揮官要親自偵察，不打官僚仗。
3. 堅持最後五分鐘，表現其頑強性。
4. 戰鬥不利，則斷然放棄戰鬥。
5. 不積極打勝仗，對部隊士氣之損失，往往大過戰鬥之損失。
6. 打與不打，由戰役指揮員決定。

戰例：

徐蚌會戰中匪殲滅黃伯韜兵團後，圍困徐州，主力南下進攻蚌埠，將攻抵蚌埠時，我徐州部隊突圍而出，一夜之間匪十四個縱隊全部向後轉，變更部署，放棄原作戰目標，阻止突圍部隊，造成永城之圍，殲滅我杜聿明各兵團，〔此乃表現〕其決心變更之迅速，執行之果決〔也〕。

意見：

1. 共匪作戰決心之基礎，在狀況有把握，其戰場指揮官有全權以決定打與不打。
2. 共匪主張〔指揮官〕親自偵察，值得國軍指揮官仿效。

二、打勝仗的根本辦法

1. 在戰場上根據不同情況，不斷進行政治工作，提出有力的鼓動
   口號，提高士氣增加勇氣。
2. 勇敢才是戰勝敵人的最根本條件。
3. 堅決殲滅國民黨反動派。

戰例：

1. 36年5月孟良崮之戰，匪口號為殲滅整74D，使官兵認清目標，
   集中力量。
2. 永城之圍，匪口號為活捉杜聿明、邱清泉，以提高士氣。

意見：

　　日後國軍作戰時，政工要配合軍事行動，提出正確口號，使
官兵認清目標，提高士氣。

三、硬拼仗

1. 有七分把握就下決心打。
2. 硬拼仗有其特殊環境，如半生不熟的根據地，尚未組織群眾，
   敵後無游擊戰配合，敵人調動策應較快，部隊堅強。
3. 硬拼目的在打落敵人士氣。
4. 局部硬拼可保全局。
5. 硬拼仗既講戰術又要勇敢，不是亂打的水牛戰法。

戰例：

1. 35年國軍進軍東北，共匪根據地尚未建立，進行之戰鬥多為
   硬拼仗。
2. 匪認為南蒲殲滅我25D就是以硬拼仗取得的。

意見：

　　國軍反攻大陸時，全般戰略應以寡擊眾，避實擊虛，壯大力

量，機動作戰，惟登陸初期為確保灘頭陣地，掩護戰地行政展開，局部硬拼勢不可免，對硬拼仗仍須深切研究。

四、運動戰

1. 大踏步前進，大踏步後退，集中優勢兵力，採取迂迴包圍，從運動中殲滅敵人。
2. 選擇弱點以大吃小，像猛虎撲羊，一舉殲滅敵人。
3. 情況不明先行後退一步，以避敵鋒，俟其驕惰，再來個「回馬槍」。
4. 四不打：（1）兵力未集結不打，（2）兵力劣勢不打，（3）敵人連繫密接不打，（4）沒有準備不打。
5. 戰鬥區分：（1）突擊隊，（2）牽制隊，（3）預備隊。
6. 要打殲滅戰，不打擊潰戰，擊潰戰是虧本生意。

戰例：

1. 37 年整 29A 於丹陽之役為匪口袋戰術圍攻，而慘遭損失。
〔此丹陽指何省的丹陽〕
2. 36 年魯南進剿及黃泛區之作戰，匪確實做到大踏步進退，機動飄忽，使我找不到其主力所在。

意見：

1. 共匪戰鬥部署區分，係採俄軍戰法，其大縱深防禦尤為俄軍衣缽，故蘇聯「兵團戰術」，國軍將領應深切研究。
2. 目前我軍裝備笨重，不適於華南地形作戰，反攻前必須修改編制，區分為重裝師與輕裝師，重裝師加強火力、機動力，輕裝師減少車輛。

五、一點兩面戰術

1. 找著弱點，集中五、六倍以上的優勢兵力尖刀直刺。

2. 九分之八集中突擊，九分之一牽制陽動。

3. 勇敢的迂迴包圍，採取兩面進攻，三面、四面圍攻。

4. 反對急性病，避免倉促應戰。

5. 主攻與助攻兵力之比為三比一或四比一。

戰例：

1. 36 年初萊蕪、吐絲口之役，我整 46D 被匪縱長截斷後，陷入重圍，致被各個擊破。

2. 36 年 5 月孟良崗之役，我整 74D 被橫隔切斷與友軍連繫，而被殲滅。

意見：

1. 一點兩面戰法為突破與包圍之併用，非突破不能擊破敵人，非包圍不能殲滅敵人。

2. 共匪主張三面、四面包圍的殲滅戰，比較國軍採取一翼、兩翼包圍的擊潰戰，收獲為大，且可澈底解決戰局。

　　「目前的戰役問題」亦為林匪總部頒發團以上高級幹部閱讀，作為會戰指導的準繩。

一、集中優勢

　　1. 採取小型殲滅戰，集小勝為大勝，戰役上集中四、五倍優勢，主攻方面集中五、六倍優勢。

　　2. 扯緊絞索，勒斷喉管，實施全包圍。

戰例：

　　碾莊之圍、雙堆集之圍、永城之圍，均係共匪集中優勢實施全包圍之實例。

意見：

克勞塞維茲說「必以絕對優勢兵力進行會戰，用兵越多損害越小」。共匪可謂已得其妙用，國軍反攻時，必須採用此種戰法，以大吃小，局部殲滅，以其人之道還諸其人。

二、主要的戰役情況指導

　　1. 先割裂敵人一路或一節，迅求殲滅。

　　2. 爾後逐次轉用兵力，各個擊破敵人。

　　3. 爭取初戰勝利，鼓舞士氣。

　　4. 實施側擊性、伏擊性包圍。

　　5. 打據點，圍點打援。

　　6. 敵進我退，向敵外翼集中。

　　7. 強調殲滅戰，反對擊潰戰，即毛匪所謂「傷其十指，不如斷其一指」。

　　8. 勝利後的進攻是順手牽羊，抓一把算一把，絕不可昏頭昏腦，長驅直入。

戰例：

1. 35 年漳河戰鬥，匪先割裂包圍我 40A 而殲滅之。

2. 37 年徐蚌會戰，匪圍困徐州而攻擊黃維兵團、李延年兵團，阻止其北上，均為圍點打援之實例。

3. 36 年大別山作戰時，劉匪伯誠之空心戰法，為敵進我退之具體戰例。

意見：

1. 內線作戰在於乘敵分離，各個擊破敵人，匪軍選擇攻擊目標時，橫方向選敵之一路，縱方向選敵之一節，實已揭發內線作戰之祕蘊。

2. 毛匪對其後退包圍，自誇為最優戰法，其毒辣處有三：（1）可詳細偵察敵情地形，（2）造成敵人的分散與錯誤，（3）可澈底殲滅敵人。吾人對此種「馬陵道」之戰法，實有澈底研究採用必要，如何對付此種戰法，亦值得深加研究。

附件（四）地雷照明器與催淚彈製造常識及講授。

一、地雷

（一）地雷之構造原理

　　地雷為一容器，內裝入炸藥並裝置引信，其形式不一，由車輛或人馬使其爆發，惟地雷爆發必須具備下列要素：（1）原始動作（外力），（2）引信，（3）雷管，（4）傳爆，（5）主裝藥。以上五項為發火系統，如破壞此一系統即不能爆發，但有些地雷中傳爆藥亦可省去，惟許多大地雷中，其傳爆藥與主裝藥不可分離。其原始動作及引信之種類如下。

（1）原始動作－分為「發」、「鬆馳」、「壓力」、「拉力」四種。

（2）引信－形式極多，茲依其能使引信發火之方法為「摩擦」、「衝擊」、「化學」、「電氣」四種。

　　A. 摩擦式引信－內含一個火柴頭之混合物，一摩擦鐵絲穿入其中，或將混合物與碎片之摩擦相擠壓，則發生火焰而起爆雷管、傳爆、裝藥。

　　B. 衝擊式引信－有一個彈簧支持擊針於一相當位置，可用一種任何裝置法，使其擊發火帽而起爆雷管、傳爆、裝藥。

　　C. 化學式引信－把化學溶液裝入玻璃管內，此管一被壓碎，化學液即生火焰，起爆雷管、傳爆、裝藥（多數之化學引信其雷管不能取下）。

　　D. 電氣式引信－一種是本身備有產生電流之設備，引信之二電極浸入解液中，當引信內裝酸之玻璃管破碎後，酸液流出，通過兩極而產生電流，使信管爆炸起爆裝藥。還有一種是巡迴線路，而由外來之電力，使信管發火而

起爆裝藥，為求使用及搬運安全起見，引信乃有保險之設備。

（二）地雷之種類

概分為制式及應用二種。制式地雷其構造形狀及尺度、藥量、威力、發火藥及使用法均有一定者，應用地雷是以可能獲得之材料裝以炸藥及點火設備，其形式尺度藥量威力發火法及使用法均無一定，而賴各人想像力之大小巧妙設計者。

（1）制式地雷

 A. 四號甲雷

  其構造為一高七‧五公分、直徑二六‧六公分之扁圓鋼殼，內裝 TNT 炸藥三公斤，配以四號引信而成，其威力是以破壞十五噸以下之戰車，倘為殺傷敵人馬，則加裝輪形蓋（又稱破片蓋），其破片可飛達一○○公尺以上。雷之全重為七‧三六公斤，上裝一四號引信，可供壓發（上加六十公斤之壓力）、絆發（或拉發）之用。在抗戰及剿匪期間用於反裝甲及殺傷人馬，曾收顯著效果，故各軍事學校列為制式教材，部隊亦廣泛使用，惟目前裝甲噸位遞增，故四號甲雷用之於反裝甲則不足應用，若用之於殺傷人馬仍不失為有效武器。

 B. 美 M2 殺傷人員地雷

  效用與四號甲雷相同。

 C. M6-A1 防戰車地雷

  為一褐綠色鋼殼，全重二十磅，內裝 TNT 炸藥十二磅，雷殼附有三個引信室，外有 M6 引信（主引信）一個及 A1 引信（副引信，用以設置詭雷者）二個，其威力足供磅破壞中重型戰車，惟壓力板之支撐簧可支撐三

○○磅之壓力，故須加以三○○－四○○磅壓力方使其爆發。

（2）應用地雷

　　A. 兩棲雷

此種雷亦名水陸兩用殺傷雷，有防潮設備，敷設灘頭不受潮流漲落影響，有電發及觸發裝置，重量自八○至二○○公斤，威力半徑自三○○至五○○公尺，為登陸戰遏挫敵鋒之有效武器。

　　B. 封銷雷

利用廢炸彈或砲彈，配以電發或觸發裝置，成組敷設於要道、灘頭陣地、死角、堡壘前地，可收阻擊封鎖之效。

　　C. 空炸雷

為殺傷性地雷，體小量輕，敷設便利，發火迅速，並有電發、拉發或觸發裝置，發火後先由地面起爆，再騰空爆炸，重量僅五至二○公斤，威力半徑，可由一五○至二五○公尺，故宜於地形複雜及隨戰機之機動使用。

　　D. 子母雷

以木板製成長方形或圓形之雷，箱底裝拋射藥，中裝砲彈或手榴彈數枚，彈之拉火繩繫於雷底，拋射藥發火後彈藥即飛行爆炸，其殺傷力頗強，兼有恐怖使用。

　　E. 加強雷

為殺傷力強大之地雷，其雷殼係利用五十三加侖汽油桶製成，內裝炸藥二○公斤外，其餘為破片和石子，殺傷力極大，重量為二○○公斤，威力半徑為五○○公尺，敷設在主陣地前，以電點火視發為原則，係極有效之殲

敵武器。

F. 戰防雷

雷殼為扁圓形，外部裝有高度磁鐵，重量一－三公斤，威力半徑二〇－五〇公尺，為防戰車之有效地雷，敷設要道，可觸發爆炸，若適應戰機，則果敢向下投擲，炸其尾部油箱更為有效。

G. 滾雷

以鐵鑄成，雷殼圓形，表面有甚多紋塊，重量五三公斤威力半徑三〇〇公尺，宜於山地居高臨下滾動使用，炸後破片橫飛，殺傷力極強大。

H. 懸雷

此雷重量三〇－一〇〇公斤，威力半徑二〇〇－六〇〇公尺，宜設於崖頂海岸或森林中，防禦敵人之突擊及奇襲。

I. 機動雷

為小型輕便殺傷之地雷，形式各異，重量不一，任何地形均可機動使用。

J. 榴霰雷

用特製之木桿，上端裝高級炸藥及黃磷，並裝有延期信管，利用迫擊砲拋射可至一〇〇至三五〇公尺，威力半徑由二〇至五〇公尺，在各上地面或空中均可爆炸，適宜攻擊碉堡，破壞工事，炸燬車船，且空炸聲音宏大，可予敵人精神上之打擊。

K. 手投雷

體小量輕，約一磅半，每人隨身可帶十枚，攻防戰中均可使用，其威力半徑為二〇公尺。

二、照明器

（一）照明彈

　　為拋射至上空燃燒照明者，其照明體多為鎂鋁熱劑，上接小傘，懸於天空，燃燒時間三十秒左右，未有超過一分鐘者，然常因風向關係，吊傘受風之吹動，有時將我已接近敵陣地之友軍暴露，故使用時須注意風向及與敵接近之距離，其光度為三○○○燭，照明面積約為二○○公尺，其製作如下圖。

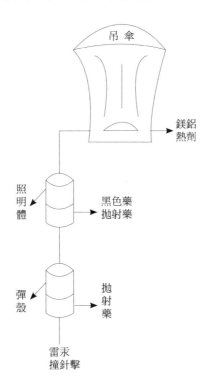

　　說明：撞針擊發雷汞拋射藥，將照明體射出，照明體之黑色藥
　　　　　因彈殼拋射藥之傳燒而引燃，又將鎂鋁熱劑拋出引燃，
　　　　　因吊傘張開可懸在天空中。

（二）浮燈

係一種特製之水上目標燈，重為二磅，遇水即發火燃燒，其光甚強，可續燃四十分鐘，且不畏風雨，用人力投擲、艦船佈設、飛機空投均可，為河川戰、海岸防禦時之夜間照明利器。

（三）固定照明筒

重量五磅，照明半徑六〇—八〇公尺，續照時間約二〇分鐘，敷設於地上或水際，用電力或人力操縱，夜間及時燃發火明照耀，使敵人無法掩蔽，動作完全暴露。

（四）手投照明

體重一磅半，照明半徑三〇－五〇公尺，續明時間約五分鐘，利用攜帶，敵前拋擲，即行燃燒發光，使敵人無法隱蔽。

（五）其他

大陸匪軍夜間施行人海戰術，犯我陣地時，我常因照明彈缺乏無法應付，且銷耗彈藥太鉅，各部隊俱另行設法點燃柴堆者，有用黃磷手榴彈預置陣地前，上面堆置引火物、手榴彈、拉火環，用繩通知碉堡，俟敵攻至有效射程，則拉發暴敵目標，發揮火力予以有效射擊，但試用可型性炸藥、菜油、鋸末、TNT 粉混合裝於鐵筒中，用拉火管發火，可以燒二十分鐘之久，敵之人海戰術無法應用。其製作如圖。

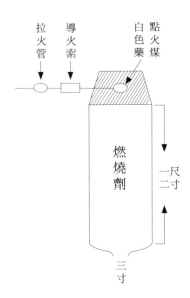

點火媒：白色藥＝白糖 10% ＋氯酸鉀 90% 黑色藥

燃燒劑：

TNT 粉三磅
可型性炸藥三磅 } 混合用手揉好
黑色藥一磅

鋁末半斤
菜油二兩 } 混合

　　混合之藥與混合之菜油、鋸末和勻裝入筒內，再裝黑色藥與白色藥，再將導火索插入藥中，使用時拉發即可。

　　此種照明器：（1）不受風雨限制，（2）不能拋射，（3）只能於陣地前面地區預先設置，將拉繩通於碉堡內，俟敵進入我之地區拉發照明，（4）燃燒時間二十分鐘以上，（5）光度二〇〇〇燭左右，（6）照射面積二〇〇平方公尺。

三、催淚彈

（一）催淚劑性能

（1）苯氯乙銅（CN）

苯氯乙銅係固體，常吸收外界之熱成為無色氣體，固體苯氯乙銅為持久性，氣體苯氯乙銅為暫時性，與水無作用，對金屬稍有腐蝕效能，其使用以擾亂為目的，裝填於燃燒方式之煙罐或手榴彈中施放，稀濃度時似蘋果花香味。

（2）苯氯乙銅溶液（1CNS）

固體之苯氯乙銅溶於氯化苦與氯三甲烷之混合劑中，而生更持久之亂劑名 CNS，夏天有效時間，空曠地一小時，森林中二小時，冬天空曠地延續至六小時之久，森林為一星期。CNS 為訓練之用，以便放銅瓶或飛機噴灑器施放，亦可用於迫擊砲砲兵之戰鬥，或用於爆炸方式之手榴彈或炸彈。

（2CNS）

苯氯乙銅之另一溶液，係以固體於等量之四氯化與苯配成而產生 CNB，其用法與 CNS 相同，為主要訓練戰劑。

（3）氯溴甲苯（CA）

為較苯氯乙銅更猛烈持久之催淚劑，在空曠地可以持久至三日，森林中七日，冬天在地面之有效時間為二十日。氯溴甲苯對鋼鐵極易腐蝕，貯藏器需襯以鉛皮、玻璃玉或法郎等物質。

（二）催淚彈之構造

催淚彈之構造與高爆手榴彈相似，惟以化學劑代替高級炸藥，同時裝置一爆管於彈丸內，爆管將彈殼炸裂時，化學劑即噴出大口徑化學彈，尚需加一傳爆管於引信與爆管之間，使爆炸完全。

（三）催淚彈之預防

在戰場上敵人如施放化學彈時，如嗅到有蘋果花香味，即可辨別是催淚彈，應立即戴防毒面具。

（四）催淚彈之識別

彈體塗灰色，一條綠帶，示非持久性，二條綠帶，示持久性。

附件（五）第二線兵團之策劃。

　　抗戰末期，民 34 年成立青年軍，實為第二線兵團策劃之嚆矢。迨至民 36 年夏季，因剿匪常備兵力損耗過大，總統鑑於戰局之發展，第一線部隊無法整訓，乃決心籌設第二線兵團，以廿個後調旅之番號及其少數下級幹部與軍士成立六十個步兵團，於 36 年 7 月設軍官團於南京中訓團開始訓練各級幹部（分兩期，第一期軍事幹部，第二期為業科人員預算、財務、經理等）。同年 9 月各旅團幹部分別就指定地區組成各級機構，10 月開始接收新兵，但由於以下原因：

1. 軍士缺額過多，基層幹部缺員太多。

2. 各師團管區壯丁不能如期如數徵集。

3. 役政不良，壯丁十九由於賣買而來，逃亡甚多。

4. 使用不能按預定計劃。

　　因之各旅團整補訓練稽時，迨整訓可用又陸續分割，或作補充分補缺額，此廿餘萬之預備兵團，竟於無形中消耗殆盡，致第一線部隊終難後調整訓，影響士氣戰力實大。民 37 年剿匪局勢逆轉，黃伯韜兵團挫敗以後，國防部復籌劃成立十三個軍。同年 12 月陸總召開會議討論籌建事宜，上級指示限四個月內組訓完成，終因兵員、武器及訓練時間之短促，研討終日，迄無合理結論。以上除青年軍曾部份得一輝煌成果外，餘均有名無實，考其直接原因，不外下列各點：

1. 兵役制度未臻健全，當時所編部隊需要之兵員無法徵集。

2. 軍政機關工作情緒及效率低落，因之曠日持久，部隊多未編成。

3. 時間限制短促，且未能著眼爭取時間（如適時調整調邱兵團等部隊於長江各要點，而以淮河為前哨，保持長江以南完整

地區，徐圖後舉）。

4. 武器窳敗短絀（以當時 70A 為例，據查至 38 年 7 月為止，全軍僅借到馬克沁重機槍兩挺，手榴彈平均五人一枚，81 迫擊砲每營兩門，自動步槍每連六十枝，兵員則約為三分之一，裝備如此，訓練與士氣概可想見）。

5. 人事安排不善（多數將領已失自信，缺乏革命堅貞精神）。

6. 零星調用參戰（訓練、裝備均未完成，即填補戰線，致未能發揮統一戰力）。

今後國家後備兵員之策劃，宜綜合美日與俄共兵役制度之優點，熔於一爐，原則上先求：

1. 樹立動員制度－國家總動員應以軍事動員為中心。

2. 依據反攻大陸作戰計劃，確定初期動員及大陸上動員之兵力目標。

3. 澈底推行兵役制度，根據動員之兵力目標，訓練常備兵、補充兵及國民兵。今日台灣補充兵之訓練已收成效，惟數量過小，難應事實需要，自明年度起應加速訓練以適應反攻之要求。

4. 舉行各種召集演習。

5. 策動社團組織，如農運、工運、學運、婦運等，透過黨的組織與思想動員，澈底做到全面動員，以輔助純軍事動員之不足。

6. 戰用品之籌劃與儲備。

至反攻後在大陸兵役機構尚未普遍成立前，則團隊升級辦法實為唯一可取之途徑，過去傅作義曾運用此法行於華北，頗收成效。

辦法如下：

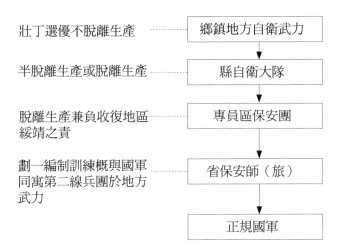

壯丁選優不脫離生產 ·········· 鄉鎮地方自衛武力

半脫離生產或脫離生產 ·········· 縣自衛大隊

脫離生產兼負收復地區 ·········· 專員區保安團
綏靖之責

劃一編制訓練概與國軍 ·········· 省保安師（旅）
同寓第二線兵團於地方
武力

正規國軍

附件（六） 訓練方針：自動與創造、積極與
　　　　　　冒險、研究與反省、自強與競賽、
　　　　　　忍耐與知恥。

一、 訓練之要旨，首在使受訓者有知恥之德性，知恥近乎勇，
　　 才能產生自強冒險之精神。

二、 練兵貴乎練心，自動與創造、積極與冒險是精神的訓練，
　　 研究與反省、自強與競爭是訓練的手段，忍耐與知恥是訓
　　 練的目的。

三、 自動才能爭取主動，積極才有旺盛的企圖，冒險才能敢為
　　 反省，才能知得失，研究才能求改進，自強不息才能日新
　　 又新，忍辱才能負重。

四、 創造為自動之源，積極為冒險之源，研究為反省之源，競
　　 賽為自強之源，成則重賞，敗則重罰，才能激發自動創造
　　 與積極冒險之精神。

五、 惟有忍耐和訓練有素之教育，始能支持戰鬥最後五分鐘，
　　 獲得最後勝利。

六、 欲達成總統昭示訓練方針，必須熟讀總統訓詞、「革命軍
　　 人首當崇尚氣節」及「剿匪最重要的技能是什麼」與「國
　　 民革命軍『第三任務』如何達成」等三篇。

七、 訓練的目的，在使部隊發揮其統合的戰力，以爭取戰爭的勝
　　 利。過去訓練之失敗，其主因在於被動消極、因循暴棄與不
　　 知恥，乃導致軍事的失敗。

八、 無論部隊訓練與學校教育，必須樹立國家、主義、領袖、
　　 責任、榮譽等五大目標的中心信仰。

九、 創造基於自動精神，創造是自動力行的結果，有積極精神

才能冒險犯難，肯積極冒險才能說得上有知仁之智、行仁之勇，研究可以求進步求發展，反省可以遷善，競賽可以激發自強心與求勝心及榮譽感，展開競賽運動才能提高工作效率。

十、　唯真能忍耐者與真能知恥者，才有真勇氣。

十一、自動教育不必墨守成規，可儘量利用個人的聰明才智為教育創造新格，積極就是不鬆懈，持之有恆才能收到好的效果，講求新方法，改變舊形式，使教育跟上科學時代。

十二、發現有錯誤的、不好的，就馬上改進，便是研究與反省的工夫，教學雙方都要有自強不息，孜孜不倦的精神才能收到教的效果，忍耐是一切事業成功的條件，教育更不能例外，失敗了承認失敗，而能再接再勵，才是真正知恥。

十三、自動的反面是被動，創造的反面是保守，能自動才能有成就，能創造才得成功，有積極的行動，就是冒險的精神，有冒險的精神才能有積極的行動，研究是創造的基石，反省是改進的祕訣，沒有研究的精神永遠發現不了奇蹟，沒有反省的勇氣永遠發現不了缺點，能自強才能自立，可以掃除僥倖依賴心理，有競賽精神就能不甘落人後。

十四、自覺可謂求知，自動才是力行，消沉、懶惰、畏縮、自棄、自卑都是工作上的障礙，經常研究才能發現真理，反省才能求改進，自強不息為完成訓練精益求精的基本精神，競賽可以提高進取心和榮譽感，使進步迅速，為養成忍耐心，必須在平時生活上苦練。

十五、一旦戰志消沉，行動消極畏縮不前，則已注定失敗的命運，行動積極才能把握戰機，冒險犯難才能獲得作戰勝利，虛心研究才能真正解決問題，反省檢討才能獲得寶貴

經驗和教訓，忍耐是一切事業成功之母，知恥是勇敢奮鬥的原動力。

十六、去找事做不要等事做就叫自動，能克服困難達成任務就叫創造，最危險的地方就是成功的所在，向最危險的方向去求成功便是冒險，研究能創造出新的事業，反省是檢討過去，檢討過去才能趕上時代創造未來，妒嫉心不可有，競爭心不可無，力量才不對消。

十七、要達到冒險的要求，在心理上要研讀國父「知難行易」的學說、總統「力行哲學」及「革命實踐的道理」。

十八、教育方針應兼有美國的活潑、自動、負責、守法，英國的沉著、堅忍，俄國的澈底、機警，德國的嚴肅、精密，以及我國民族先天的刻苦精神與明禮知恥之美德，才能無敵於天下。

十九、積極是冒險的基礎，冒險是積極的實踐，競賽為測驗自強的辦法，忍耐是為了知恥，自動乃負責精神之表現，創造即新生之來源，積極始能貫澈主張，不怕死才能成功成仁，研究始能改進，反省乃能變化氣質，自強始能樂觀奮鬥，競賽是互相觀摩，忍耐始能貫澈始終，知恥乃能圖強復國。

二十、訓練方針以加強戰鬥意志為主，有了堅強的戰鬥意志方能產生自動與創造、積極與冒險、研究與反省、自強與競爭、忍耐與知恥的精神與行為，戰鬥意志的發生基於：

1. 愛國心與敵愾心，
2. 實行三民主義的決心，
3. 信仰領袖與實踐領袖言論的決心，
4. 反共抗俄必勝利的信心。

卅五、匪部戰法勝利最多之場合。

甲、圍點打援，乙、放開缺口，使敵（我軍）脫離陣地突圍後再圖腰擊，丙、伺敵（我軍）來路而伏擊之，或轉移其主力，中途佈陣阻擊敵軍消滅或擊退之。

甲、圍點打援，為匪軍慣用戰法，亦孫子之「攻其所必救」，故匪軍之圍點，其志在打援，則我應視情況爭取主動而不援，甚至攻匪之所必救，如不得已亦必以相當強大兵力準備周全計劃行事。

一、剿匪戰例

1. 宜川會戰（37 年 2 月 24 日起，3 月 2 日止）

   會戰經過：37 年 2 月 24 日彭匪 40000+ 人包圍宜川城，我整 29A 30000+ 人急由洛川馳援，惟行動遲緩，至 27 日行抵宜川西南凹子街，被匪優勢兵力伏擊截為兩段，敵眾我寡，我援軍陷入重圍，雖有空軍助戰，亦難挽救頹勢。3 月 1 日援軍全部遭匪擊破，整 29A 軍長劉戡戰死，其餘集體被俘。

2. 徐蚌會戰黃兵團以十萬之眾日行一道，杜兵團則以車輛軍民夾雜，行動呆滯，機動全失。

3. 膠東海陽之戰，36 年 11 月初旬，匪以其 13CD 圍困我整 54D 於海陽，我整 54D 之整 198B 及整 9D 之整 76B 前往增援，進至橋頭、金口為匪分別包圍，激戰至 12 月 2 日會師，但已無力向海陽前進，終至海陽撤守。

4. 陝北定縣之圍，36 年秋，我整 76D 整 24B 72R 被圍於陝北定邊，駐延安之整 135B 增援，於安定以南廿公里附近被匪圍殲。

二、檢討意見

1. 匪採用圍點打援，一部脅逼宜川，主力擇定有利地形埋伏，待

我援軍行至石村任家灣隘路時，四起奇襲，將我運援軍包圍消滅，因匪部署適切，判斷正確，行動機敏，故獲重大戰果。

2. 我軍過分重視點線之得失，處處被動，決心不堅，易為敵之行動所眩惑，增援部隊企圖消極，軍紀不整，鬥志缺乏，情報不靈，搜索不嚴。

3. 匪軍控制了面，情報靈活，易於實施戰術上之以眾擊寡。

乙、放開缺口，使敵（我軍）脫離陣地突圍後再圖腰擊，為匪軍包圍襲擊中之後退包圍戰法，即匪所謂缺一圍三，誘我離開陣地，守軍突圍，反易被其各個殲滅。

一、剿匪戰例

1. 臨汾保衛戰（37 年 5 月 3 日起，17 日止）

會戰經過：

（1）圍攻臨汾匪四個縱隊 50000+ 人，另附民兵，由匪首孫定圍任指揮，企圖以四、五倍兵力一舉攻佔臨汾城，另一部阻我太原南下援軍。

（2）我臨汾城守軍僅有整 30B／整 66D，兵力單薄，全靠空軍支援作戰，予匪嚴重打擊，並隨時空投麵粉接濟守軍，迨至 5 月 3 日匪先後補充完畢，主力集結城郊，形成三面圍攻態勢，旋即開始夜間向城東南兩側攻擊，採用「人海爆破坑道」等戰術，向我城垣守軍猛撲。迄至 17 日夜，城東北角被匪衝入，敵眾我寡，發生慘烈巷戰，孤守七十日之臨汾遂於是夜陷入匪手。城西關為匪放開之缺口，我守軍 3000+ 人旋即突圍向西關渡過汾河北走，沿途遭遇匪軍腰擊，損失甚大。至 22 日到達國軍防線以內之靈石時，所餘兵力已寥寥無幾。

2. 37 年 2 月公主屯之役，我 N5A 被圍於聞家台時，援軍 71A、N3A 即將到達，匪乃開放缺口，該軍即由缺口突圍，遂被伏殲於艾家屯。

3. 36 年我整 76D 固守陝北清澗，彭匪德懷以三個縱隊圍攻多日未遂，乃於南方開放缺口，該師即向南方突圍，而於清澗南郊被殲。

二、檢討意見

1. 匪軍一貫採用蠶食政策，以面吃點戰法，做到吞併整個晉南之目的。此次匪三面圍攻臨汾，放開城西缺口，予我守軍脫逃，然後中途腰擊，此不但可收攻城久待不決之效，且可消滅我突圍部隊於途中，至其統一指揮之圓滑，兵力運用自如，在臨汾以北預做防禦工事，阻止我晉中援軍南下，均為上乘之作。

2. 上級對應固守之據點，則必予以死守，對被圍部隊如須使其突圍時，則應增援，有計劃行之。

3. 部隊突圍應主動行之，勿為匪之利所誘惑。

4. 突圍時應以保存有生力量為主，其他除武器外應盡可能輕裝行之。

丙、伺敵（我軍）來路而伏擊之，或轉移其主力，中途佈陣阻擊敵軍消滅或擊退之。

一、剿匪戰例

1. 武功扶風之戰（38 年 7 月 12 日起，13 日止）

作戰經過：

（1）38 年 7 月初旬，18CA（李振）及隴南兵團將匪 1CA、2CA 牽制於盩厔亙武功之線。至 7 月 12 日 2 時，我 18CA、90A 主力於清化鎮遭匪 1CA 猛撲，匪我遂發生激

戰，至 13 日拂曉我軍 61D 傷亡慘重，陣地為匪突破，幾經逆襲均未奏效，突入之匪遂向我 24D 右側後迂迴包圍，我 90A 以態勢不利，力戰突圍，向西轉進。

（2）7 月 12 日拂曉，另股匪 18CA 主力亦由武功正面進犯，其 2CA、4A、7A 分別由臨平鎮、天度鎮南下，而其 3A、4A 主力則乘蘭署馬軍後撤所形成之空隙，迂迴青化鎮、益店鎮，陸續到達後，直向岐山蔡家坡我 18CA 奇襲，我以眾寡懸殊，援軍不到，血戰竟日，傷亡慘重，至 13 日 2 時我軍殘部始強渡渭河向西轉進。

2. 36 年 2 月我 46A、73A 回師濟南增防於吐絲口附近，遭匪伏擊，限於地形無法展開而被殲。

3. 35 年 7 月 3A 放棄石家莊北上，被截擊於望都，16A 馳援受伏於方順橋，遭受重大損失。

二、檢討意見

1. 陝、蘭、西綏署合作不密，馬軍未照作戰協定確控乾縣、醴泉之線，驟然北撤，並未通知陝署，致兩署部隊間空隙過大，匪右側威脅解除，放膽向西迂迴奇襲我 18CA 主力，我左翼隴南兵團亦未向左側遠出搜索，致任匪西竄，陷全般於不利。

2. 指揮低劣，匪情判斷不實。7 月 12 日我軍遭匪猛撲時，我作戰指揮官應即當機立斷，判明匪之兵力及企圖，迅將我主力南渡西移，據險而守。然因遲疑莫決，致被匪迂迴襲擊，損傷慘重，我指揮官實難辭其咎。

3. 搜索不嚴密，尤其在受匪攻擊之先，指揮官不能迅速尋求匪之弱點而主動攻擊，更未能預計可能行動之初以迅速行動，未銘記總統訓示「作戰只有攻擊」的口號。

4. 計劃不周，對進路上可能受匪伏擊之地點，事前未講求對策。

丁、改進意見

1. 被圍不懼，突圍等於自殺。
2. 不妄動輕進，妄動輕進就是自取滅亡。
3. 謹慎嚴密，疏忽即失敗的開始。
4. 嚴密組織，重視情報。
5. 爭取主動，不計點線的得失。
6. 注意行軍力之養成，以增加部隊機動性。
7. 養成人人具有「作戰只有攻擊」之旺盛精神，建立積極殲滅思想。
8. 注重搜索訓練。

卅六、一、以拙制巧，二、以實制虛，三、以靜制動，四、以精制粗，五、以優制劣之戰術。

一、以拙制巧

孫子曰：「兵聞拙速，未睹巧之久也。」反之即在時間戰機上言，巧可一時，惟拙恆久。胡文忠公曰，破天下至巧者以拙，蓋巧者由於偽與虛，偶有所得，亦屬僥倖，而拙則由於實與誠與重，其實可則簡而速，依正確之判斷，定至當之決心，以周密之計劃，準備齊全，一意向我所追求之目標邁進，既不為困難所阻，亦不願見獵心喜，又穩扎穩打，不予敵以可乘之機，雖至巧者不得售其計。巧拙之用在時機，我明敵暗可以巧之，彼此明暗相同，則惟拙可以制巧，故惟拙可以制巧耳。如匪黨之竊據大陸，乃倖勝於詐偽之巧術，今則同胞被奴役於俄寇，民不堪命，一旦國軍反攻，必群起響應。又如昔黃帝戰蚩尤，初因迷於濃霧幾乎敗陣，嗣經精誠潛研，創製指南車，終以拙法敗蚩尤。卅六年我軍不顧劉匪伯誠在徐州西側之竄擾，而仍直臨沂蒙山區，是其例。

二、以實擊虛

孫子曰：「虛則實之，實則虛之」、「攻其無備，出其不意」，乃求勝於易勝也。故善用兵者，當以靈活情報探敵虛實，而集中優勢之兵力，奇襲彼之虛弱痛苦之處，則勝可期矣。如36年3月，國軍克復延安，係以主力出金盆灣直指延安，出其意表，使其大小勞山之堅固陣地形同虛設，致匪以十五萬眾，僅五日即行逃竄。35年泗淮之戰，我軍以優勢兵力重疊部署前進，故所向無

敵，肅清兩淮之匪。36 年 6 月我攻人沂蒙山區，不受陳匪之干擾，是其例。

三、以靜制動

機動作戰固屬主宰戰場之要訣，然以逸待勞，乘敵之需，亦為制勝之道。孫子曰：「凡先處戰地而待敵者佚，後處戰地而趨敵者勞，故善戰者致人而不致於人」，又曰：「以治待亂，以靜待譁」，「不恃其不來，恃吾有以待也」。況靜者每沉著實在，動者常燥急虛浮，沉著者不僅腳跟穩當，且易洞察敵人過失，燥急者便易疏忽自己，造成漏洞，且惟靜可以正確判斷狀況，發揮奇襲效能。匪軍以游擊起家，長於鑽隙奔襲，故剿匪戰術應控制面而密佈諜網，使匪疲於奔命而無所獲，我則以逸待勞，伺機以雷霆萬鈞之勢發動攻勢殲剿之。如卅六年匪李先念部流竄於湖北漢江兩岸，國軍以大軍追剿，數月未獲效果，嗣第六綏區以棋盤戰法，於各要點預為分置相當兵力，以堵截匪軍之流竄，收效甚宏，是其例。

四、以精制粗

兵貴精不貴眾，俱有士氣旺盛、訓練良好、火力熾盛與指揮卓越之部隊，則一可敵百，尤其對匪作戰，以其奔襲竄擾之慣技與殘酷之人海戰法，非精練戰士不足以克此凶煞。如 36 年黃泛區會戰，匪以優勢之兵力包圍國軍邱清泉部，企圖以大吃小，但甫經合圍即被邱部突破，並予以反擊，匪受創逃竄。

五、以優制劣

天候、地形、兵員素質、武器裝備以及編制與相對數字等，

均為影響戰爭勝負之因素，善用兵者，當一面搜求敵之弱點，一面發揮有利於我之諸種因素，造成局部之優勢，以從事戰鬥，主動屬我，則敵雖眾可使無鬥，勝可期也，是謂以優制劣。如 37年 2 月公主屯之役，我左翼兵團 N5A 被優勢之匪圍困於聞家台村落地區，但援軍次日晚即可到達，匪惟恐轉為劣勢，乃乘夜發動猛攻，集中砲火轟擊聞家台村落家屋，並開放缺口誘使該軍突圍，惜該軍果中其謀，遭伏匪各個擊破，次日我援軍雖如期到達，但勝敗之局已定，是其例。

卅七、匪部慣巧之技能：一、猛擊與突擊，二、變換方向與退卻之快速，三、偵察技術與化裝戰術，四、襲擊敵司令部，五、避實擊虛戰術，六、戰術爭面散佈細胞組織，七、戰略爭點集中優勢兵力，八、聲東擊西，九、正面後退兩側包圍，十、祕密偵察與專技之訓練。

一、猛擊與突擊

匪對必爭之點，慣用三猛（猛衝、猛打、猛追）戰法，即以人海行尖刀戰術，對企圖率制方面，則以鑽隙奔襲行突擊，以收奇襲之效。

例如：36 年嶧棗之役，陳匪乘元旦我軍戒備疏忽，及天候惡劣我空軍不易活動之時，以三個縱隊及 2D、4D、6D、8D、9D 等部隊向我整 26D 馬勵武部張家橋、大堂子、馬莊陣地發動猛攻，該師整 44B 旅長馬修仁陣亡。又如 36 年 8 月劉匪被圍於魯西三角地區，竟以其鑽隙慣技突擊我後方，得收竄擾之效。

二、變換方向與退卻之快速

匪裝備輕便，行軍力強，給養就地補給，無輜重之累，因而行動飄忽，每於我空軍偵察時即變換方向，作欺騙行動，遇強敵則迅速脫離，另圖戰機。

例如：36 年 4 月梁邱之役，我以七個旅之眾依空軍直接協同，向梁邱匪巢圍剿，但匪化整為零，迅速逃出包圍，未能將其消滅。

三、偵察技術與化裝戰術

匪常用之偵察技術如下：

（一）直接打入

　　1. 利用社會親友關係。

　　2. 利用招考學生及招兵之機會滲入。

　　3. 利用潛伏我軍匪諜之介紹，參加我方工作。

　　4. 利用動搖份子。

　　5. 利用俘虜歸隊。

　　6. 偽裝投降。

（二）營外滲入

　　1. 混雜於難民或流亡學生中。

　　2. 偽裝乞丐。

　　3. 留置匪諜於撤退地區。

　　4. 流動匪諜等。

以上諸端皆為匪軍慣用而最巧妙者，我軍不察，受害實深，至其化裝戰術乃乘機化裝國軍或當地居民、難民，向我高級指揮部或通信、補給機關實施突擊，國軍常遭暗算。

例如：35 年春南通外圍我 105D 之關團，為匪偽充當地士紳，並脅迫鄉鎮長以勞軍為名混入防地，大宴駐軍，待該團官兵酒醉之際，偵知一切部署，致該團全部被殲。

又如 36 年 5 月四平會戰期間，71A 軍北上增援，其一部約一師之眾行抵四平以北，遇國軍傷患一批請求收容，該師不疑有他，入夜該司令部遭匪襲擊發生混戰，事後始悉該批傷患全係匪軍化裝，是其一例。

四、襲擊敵司令部

匪軍慣用潛伏間諜，以詭譎之術，利用當地無賴之徒與無知民眾組成機動突擊隊，乘夜暗或雨雪之際，對我軍司令部行突擊，以破壞我指揮機構，是謂挖心戰術。

例如東北黑山之役，我廖兵團指揮所為匪奇襲，致造成全面之失敗。

五、避實擊虛

戡亂初期匪軍劣勢，非其戰略上必爭之點不打硬仗，有四不打（1. 敵情不明不打，2. 實力不足不打，3. 地形不良不打，4. 沒有計劃不打）之說，避實而擊虛，圖以大吃小，俾集小勝為大勝，為其慣技。

例如 36 年 3 月延安之役，匪始終不與我主力作戰。又同年 5 月涇渭河谷之役，因我大軍東調寶雞，致天水方面空虛，匪企圖一舉突入，而有所獲。

六、戰術爭面散佈細胞組織

匪於叛亂初期以游擊戰為主，正規戰為輔，避實擊虛，以大吃小，戰術上不爭點線而爭面之控制，利用地痞流氓與不法之徒控制地方爪牙，散佈細胞組織，如遇國軍圍剿即轉入地下工作，俟我軍轉用或兵力薄弱時，又死灰復燃，從事破壞擾亂，以配合其主力作戰。

如 36 年延安之役，雖延安為其赤都所在地，亦可斷然放棄，是其例。

七、戰略爭點集中優勢兵力

匪在戰術上求速決，並擴大其控制區，在戰略上求持久，以奔襲代替防禦，不打則竄，打必集中數倍以上絕對優勢之兵力，圍攻國軍，以求點的勝利。

例如：35 年大同攻防戰，匪糾集優勢於我大同守軍五倍之兵力五萬餘人，於 8 月 3 日發動攻勢，逐次緊縮包圍圈，圍攻大同。迄 9 月 3 日先後發動三十餘次猛攻，並使用毒氣，以爭此一戰略要點。

八、聲東擊西

匪依其行動之輕捷，於企圖攻擊我某一點之先，每以一部竄擾另一地區，或謠言宣傳攻擊某處，以轉移我之注意力，然後集中全力向此一點猛擊。

例如：36 年匪平、津、保三角地區對我 16A 發動夏季攻勢時，即先撲滄、青，後撲徐、固。同年秋，匪首以 5CD 竄擾清水、松林店，然後以 2CD、4CD 猛撲該軍地區，均為此一戰法。

九、正面後退兩側包圍

即匪慣用之口袋戰法，以佯退誘致我軍主力，進入其預定設伏地區，相機合圍。

例如 36 年 9 月 17 日東北戰場楊家仗子之役，我 49A 由錦縣向楊家仗子側擊，比經江家屯，匪一路佯退，並無激戰。9 月 20 日抵楊家仗子，即遭匪 13B、16B、17B、18B 各部主力包圍，激戰至 22 日，以眾寡懸殊分向興城、錦西突圍，沿途復遭匪截擊，損失慘重。

十、祕密偵察與專技之訓練

匪常利用老弱婦孺及殘廢者作偵探，更以假投降之士兵祕密刺探我軍情，或以匪諜混入我軍收發室、書記室、電務室（匪稱此為三室）充當勤務、傳達（匪稱此為二務），作諜報工作，盜取我軍機密。至匪對專技之訓練特別著重，如夜行軍、宣傳煽動、縱火爆破、射擊、放毒及偵探技術等，均分別行專門之訓練，用之戰場，收效甚宏。

如 35 年南通外圍我 105D 之關團，為匪諜詭計竊取部署致敗，是其例。

基於匪軍慣巧技能之研究，國軍今後應有之對策，謹就其重要者建議如下。

一、一般指揮方面

1. 統一國軍戰略、戰術思想，並遴選優秀將領，增進統御能力。
2. 加強三軍聯合作戰之研究與協同作戰之演練，尤其三軍通信之圓滑。
3. 磨練各級指揮官臨機應變獨斷專行之能力，使能捕捉戰機，適應瞬息萬變之狀況，而高級指揮部應力戒遙制。
4. 健全情報組織，增強搜索機能，使能適時獲得正確之情報，及時偵悉敵人動態與意向。

二、戰略方面

1. 爭取主動，集中優勢，尋匪弱點，以大吃小。
2. 機動奇襲，出其不意，攻其不備。
3. 以戰擴軍，運用大陸游擊武力，收容反正匪軍、民兵，削弱匪勢。

    4. 不佔點線，而向匪區腹心滲透，領導反共民眾，共同推翻極權政治。

三、戰術方面

    1. 避實擊虛，聲東擊西，避免主力決戰，尋求有利戰機。

    2. 攻則集優勢兵力，指向匪之弱點，猛擊突擊，速戰速決。

    3. 熟悉戰略之轉運，並對匪慣用「後退包圍」、「阻援打點」、「圍點打援」及「伏擊」、「奇襲」諸戰法，深加摹擬磨練，庶能以子之矛，攻子之盾。

    4. 戰況不利時，應行離心退卻，並大膽向敵後深入，開闢第二戰場。

    5. 追擊時則大膽超越猛追，使其無法脫離或重整隊勢。

四、戰鬥方面

    1. 熟練戰鬥技能，使能以一當十，以十當百。

    2. 養成強大行軍力，以加強奇襲機動之基本條件。

    3. 熟練夜間戰鬥。

    4. 講求火力之運用，精練射擊技能。

    5. 熟練土工作業，以適應各種戰況之要求。

卅八、剿匪戰術特重偵察技術，偵察戰術應為剿匪戰術第一位，檢討剿匪失敗之原因，在偵察方面，不外下述各點。

一、國軍在大陸剿匪作戰，多不重視偵察戰術，致匪之行動，一無所曉，宛如盲目作戰，反觀匪之偵察，既深入又普遍，且將偵察網建築在戰地之民眾組織上，凡國軍足跡所到之處，即匪偵察細胞存在之處，我軍行動匪軍盡知。

二、我軍之偵察技術，亦頗粗淺，例如我情報員之化裝，當雜在群眾中時，任何人均能認出彼為情報員，其他偵察技術亦毫無研究，因之既不能透過匪之封鎖幕，更無法偵知匪之一切情形。

今後反攻大陸之戰，戰場均為曾經受匪組訓之區域，偵察工作將更繁難，對偵察技術、偵察戰術若不積極研究講求，勢必再蹈過去盲人瞎馬作戰失敗之覆轍，因此吾人必須將偵察事項列為剿匪戰術第一位，並應：

一、 學校教育與部隊訓練，首先應對偵察教育特列專課，務使將校士兵均達到專精熟練之程度而後已。

二、 對偵察戰術、偵察技術，在學校與部隊中，均應重加檢討，提出更新的資料，研究整理後，分發實施之。

三、 各級指揮官對偵察戰術、偵察技術，須提高警覺，無論平時戰時均應養成偵察第一之戰術觀念。

卅九、地雷與照明彈準備之重要。

消耗戰術對今後剿匪之重要：

甲、地雷與照明彈準備之重要

一、地雷準備之重要

地雷經濟耐用，我國亦能自製，其優點如下：

（1）作業迅速。

（2）障礙力大而持久。

（3）便於偽裝。

（4）不須大量作業器材。

（5）運輸製造簡單。

基於上述，地雷用以阻止人馬車砲之運動，於所要地區敷設地雷為最有效之障礙物，可達成遲滯與破壞之目的，戰術上我可爭取時間，補助火力之效，對匪作戰為求增強面的殺傷與阻絕消滅匪軍，或破壞其交通與軍事設施，地雷之準備實屬重要。

二、照明彈準備之重要：

由於科學之進步，而使強大火力影響部隊戰場之故，時有採取夜間行動者，入夜後又因一切景物變為模糊，因視線受阻，至心理之感覺、精神之恐慌、行動之困難，均由此而生。為求隱匿我之企圖，而欲探知敵之現場動態，使集中火力以行其聚殲。照明彈之使用於戰爭中之價值甚為重要，照明彈之優點如次：

（1）顯示目標位置，指示砲兵射擊目標或飛機轟炸目標。

（2）作信號連絡之用。

（3）暴露數人設施及動態。

（4）減少黑夜恐懼心理與彈藥無謂消耗。

　　自照明彈應用後，無論攻防均有其重要性，匪軍奇襲、強襲、偷襲多於夜間行動，過去在大陸對匪作戰，我軍入夜後則蜷伏不敢出戰，且因照明器材不足，與匪夜間作戰，始終立於被動地位，反攻大陸在夜間攻防戰中，我軍對照明彈及其他照明設備之準備，應特別講求，普遍應用。

三、結論

　　以上兩者皆為今日戰鬥上之必須武器，無論攻防，均有其實際與精神之價值，今後戰爭無論趨向何種型態，地雷與照明彈之運用，均有其重要性存在，故對地雷與照明彈應特別予以準備，俾利我作戰。

乙、消耗戰術今後剿匪之重要

　　匪軍過去與我作戰主為消耗戰，以空間換時間，以時間爭空間，找戰機，造機會，進而改變強弱形勢，並以東北為例，我軍初到東北，收復瀋陽、四平、長春等城市，但未殲滅匪軍若干師、若干縱隊、若干武器，反之我軍在東北至 36 年年底止，共消耗一四八個營，合計等於五個軍之兵力，由此可知我軍消耗損失數字之驚人。今日匪軍已竊據大陸，強弱形勢已經轉變，但漫長的海岸線處處可以突擊，廣大的地區處處可以培養游擊武力，反攻大陸對匪作戰是以劣勢對優勢的作戰，也是以少數對多數的作戰。事實上匪大我小，匪強我弱，為求戰勝匪軍，轉弱為強，由少數變多數，由劣勢轉優勢，到是值得我們研究的課題，亦是我們必須解決的實際問題。而且匪我力量的懸殊，必須要在長期的戰爭中予以消耗，方能爭取勝利。

　　我們今後反攻大陸對匪作戰，在獲致全面勝利的歷程中，以匪我總兵力的對比，必須經過下列三階段：

（一）匪優我劣階段，

（二）匪我平衡階段，

（三）我優匪劣階段。

　　由此看來，反攻大陸非一次攻略，而必須經過一、二階段，在不到敵我平衡轉為優勢時，不能與匪會戰或決戰，否則在我為會戰或決戰，在匪為戰役，因此應以消耗戰術逐次殲滅匪軍，發揮機動，形成局部優勢，變少數為多數，運用集中攻勢奇襲，轉劣勢為優勢，實施局部包圍，積小殲滅戰為大殲滅戰，以游擊與反游擊配合，牽制分散削弱匪軍，在消耗戰中集小勝為大勝，集小殲滅戰為大殲滅戰，不論在方法上、手段上、空間上、時間上都應盡量消耗，削弱匪軍的力量，藉使我之所短有所避，敵之所長無所用。如此不但能以弱勝強，以小擊大，以寡克眾，且能以小變大，以弱變強，以寡克眾，由我之逐漸壯大與敵之逐漸殲滅，變換戰爭優劣形態，使我愈打愈強，元氣越打越充沛，澈底消耗匪軍一切有生力量，所以在反攻大陸與匪作戰，在兵力上未與匪平衡前，消耗戰術實屬重要。

四十、封鎖消息，防奸、防毒與防襲。

（甲）封鎖消息與防奸
（1）訓練地方武力，使在戰時成為我正規部隊外圍之掩蔽幕。
（2）宿營地附近禁止住民出入。
（3）繕印稿底之廢紙之監燬，檢查戰地函電。
（4）必要時遷徙防地民眾於他處。
（5）斷絕各交通道路之行人。
（6）嚴格檢查身份不明之人員，注意是否為喬裝之匪特工人員。
（7）加強戶籍管制，使潛入之匪諜無法潛伏。
（8）加強對民眾之政治工作，使均為我方之情報員。

（乙）防毒
（1）訓練防毒人材，儲備防毒器材，充實衛生人員。
（2）檢查駐地附近之環境。
（3）注意飲水之檢查及化驗。
（4）訓練全體官兵使具備各種防毒常識。
（5）對毒氣襲擊之預防。

（丙）防襲
（1）注意敵人之強速行軍，勿以遠距敵而大意。
（2）防守時夜間應遠派警戒，可能時並變更配置。
（3）行軍時加強前衛、側衛兵力，嚴密搜索。
（4）嚴密我方警戒，妨害敵之搜索。
（5）利用偽情報誘敵對我奇襲，我方再予以襲擊。

（6）無論在攻防、行軍、宿營時，均應假想敵人自四方面來。

（7）在惡劣天氣及假期節目中，應特別防備遭受襲擊。

四一、共匪三動戰術口號：主動、活動、機動；共匪幾何戰術：圍點斷線與控置全面（即全面控置與折斷鐵路之斷線戰術）。

甲、三動戰術（主動、活動、機動）

匪自抗戰勝利至竊據大陸期間，完全採取三動戰術，澈底集中優勢兵力，實施大機動性之運動戰。如 36 年春蘇北之役消滅我整 69D 戴之奇部，驛縣之役我整 26D 馬勵武部，萊蕪、吐絲口之役消滅我李仙洲兵團，同年 5 月孟良崮之役殲滅我張靈甫部，隨後我大軍圍剿沂蒙山區，匪施行內線中的外線戰術，圍攻我南麻、臨朐兩地，旋以沂蒙山區根據地各役遭我擊潰，劉匪伯承為挽救陳毅匪部之頹勢，隨大舉南竄，為三求進軍之舉，其他如東北戰場各役及包圍華北與徐蚌會戰，上海、廣州以及西南各役無不高度發揮主動、活動、機動之特性。

主動即孫子所謂善戰者致人而不制於人，亦為我國傳統戰術的攻勢主義，毛匪乃將此項原則加以通俗化解釋，使匪眾易於瞭解，思想趨於統一，戰法歸於一致，故毛匪有云：「打得了就打，打不了就走，一切的走，都是為了打。」乃主動至高的表現。毛匪又謂主動權即自由權，軍隊失掉了主動權被迫處於被動地位，這支軍隊就有被消滅的危險，故戰爭的敵我雙方都在爭戰場、戰地、戰區，以至整個戰爭的主動權。

活動是運用靈活，不呆板，不拘泥，如孫子所謂「水因地而制流，兵因敵而制勝」，匪軍賦予戰役指揮官以獨斷專行之全權，其進退攻防均以具體的情況為轉移，故能保持決心之自由，而其表現於行動者，為出沒無常，行動飄忽，因其運用上巧妙靈

活，往往雖以劣勢兵力亦能主宰戰場。

　　機動是把握時機，行動快速為戰爭決勝之主要因素，惟有神速方能出敵之不意，而攻敵之無備，達到奇襲之目的，匪軍動員澈底，兵源充足，裝備輕便，行李簡單，補給圓滑，平日注重行軍訓練，養成日行百里而不勞的習慣，尤善於夜間行軍，能發揮機動最高效率。

乙、幾何戰術：圍點斷線與控置全面（即全面控置與折斷鐵路之斷線戰術）

　　匪於我抗戰期中，乘機擴軍，迨勝利後對內以自衛戰爭為號召，因裝備劣勢，乃以戰略上持久，戰術上速決之戰法，運用幾何戰術，以圍點斷線與控制全面，如勝利後漳河之役消滅我馬法五兵團，同蒲線之役消滅我王靖國部隊，36 年泰安之役、費縣之役，37 年昌灘之役，以迄東北長春、瀋陽諸役，華北平漢諸役，兗州、濟南、洛陽、徐州諸役，其戰術行動的表現如出一轍。

　　克勞塞維茲說，軍事上幾何學之因素，即是兵力配備部署的形狀，無一不照幾何學的法則，軍事上發揮主要效用，無一不是以空間、距離、點線面角之關係為基礎，例如野戰築城、陣地攻防、戰鬥教練、戰術運動等，均係根據幾何學上的法則。匪軍運用組織，控制全面，在大陸作戰期間，匪軍針對國軍弱點，採取圍點斷線與控制全面的戰法，茲分述如次。

一、圍點

1. 偷襲（出其不意突然襲擊）

　　以潛行爆破及遠距離奔襲的手段，或誘其正面攻其側背。

2. 強攻

集中優勢火力，利用地形，使用精幹突擊隊最勇猛的動作。

3. 圍攻

在敵人工事複雜，火力熾盛，地形不利，難於一舉攻克時，或偷襲未成強攻失效時，轉為圍攻。

4. 圍困

匪以我各方條件均優而無法攻取，或代價太大時，或以我軍處於匪包圍之中陷於孤立時，乃以少數兵力配合民兵包圍，在據點以外，構築阻擊陣地予以封鎖，並斷絕交通、物質、糧食、水源，使處於絕境，另以強大兵力為後盾，得機包圍殲滅敵人，此外並配合政治攻勢瓦解敵方軍心。

二、斷線（折斷鐵路）

1. 爆破

以炸藥爆破鐵路之橋樑、隧道及車站設備，或用視發（電發、拉發）、觸發定時地雷，埋沒於鐵軌下端以爆炸列車。

2. 毀壞

有時間餘裕，則用拆卸工具予以拆除，如時機迫促，則強迫民眾攜帶土工器具及繩索縛於鐵軌之上，用力拉翻。

三、控置全面

1. 政治滲透

建立敵後政權，以政治力培養軍事力。

2. 發展組織

以組織控制人民、支配人民，無分男女老幼，一律納入組織。

3. 建立武裝

以土改、鬥爭、清算、窮人翻身等為號召，脅迫青年參軍，以義勇民兵制為建軍基礎。

4. 全面控制

　　凡匪軍力量所及之處，人民之思想、言行、生命、財產、物
資均為匪統制，集中於叛亂戰爭，而作有效的發揮。

四二、我軍對戰場救護與掩埋不注重之惡習。

　　世有「無敵」之軍，而少「見死不懼」之硬漢，蓋好生惡死乃人之常情，即久經戰場訓練有素之「老兵」，當置身於慘烈之戰場，面對死亡之關頭，往往亦能突然為恐懼心理所襲擊，致失去理智敵愾，職守榮譽之觀念，終至招致失敗，此種因恐懼而挫敗之戰例，古今中外不勝枚舉，故防止恐懼、避免恐懼，實為每一戰場指揮官所應考驗之一問題。

　　「恐懼」之生，率多由於「神經上的緊張」，恐怖之幻想，謠言之散佈，或外來之刺激，即事先顯示危險性之事物，如一士兵之狂喊，一戰友之慘斃，或一面敵旗之出現，皆足震驚神經喪失鬥志，甚至戰慄失態，潰不成軍，所謂風聲鶴唳，草木皆兵是也。

　　為防止此種恐懼心理之發生，控制整個戰場，厥在平時部隊訓練演習之要求迫真，及經常實施戰場心理之測驗，其最重要者莫如能對戰場救護掩埋工作之迅速確實，務使道無傷病，野無遺屍。蓋此工作對作戰心理而言，為防止或避免恐懼心理之發生，對人道而言，實為國家對英勇將士之應盡義務與最後慰藉。救傷養患，慰死勵生，恢復戰力，所以勸來者，故近世各國對此問題莫不重視之至。爰將今後改進意見分別縷述於後。

1. 綜研戰例及衛生勤務中記載：平均而概略的統計，戰鬥中陣亡與受傷者約為一與四之比，受傷中又可約分為因傷致死者 20%、輕傷者 40%、重傷者 40%，其重傷短期可治癒者佔 60%，其餘後方治癒歸隊者亦佔大半數。今日醫藥發達，受傷治癒者其比例更大，故傷患救護工作之良否，不僅對當前士氣鼓勵重大，而對於培養戰力、增強戰力、減少動員人力之浪費

關係亦大。

2. 戰場傷患應按照衛生勤務中規定之程序後送，並迅予治療，故各部隊現有之衛生機構及其設備應予充實，俾能適應其後送能力。過去傷兵無人料理，或由戰鬥兵扶下，前者有損士氣，後者一名傷兵即減少一名或兩名戰鬥兵，這是增加敵人之戰鬥力。按野戰部隊由戰鬥部隊、勤務部隊合組而成，二者缺一不可，如謂勤務部隊非直接從事戰鬥，因而不予重視，或認為以龐大經費維持勤務部隊，不如多維持直接從事戰鬥之戰鬥部隊，此種觀念完全錯誤。蓋戰鬥部隊如不能獲得勤務部隊之充分支援，則戰鬥力大減，甚至完全不能發揮。

3. 步兵團衛生連內應增設「掩埋排」一排，專司戰場掩埋工作，倡導重視亡友忠骸之美德，加強同志愛。

4. 撤退之前，先救護傷殘，然後掩埋屍體，必完成此二事後方能撤退。

5. 部隊應養成以遺屍與疏忽傷殘之不救為最不道德之習尚，作戰時掩埋屍體應列為部隊訓練項目之一。

6. 增加作戰部隊之救護部隊，鼓勵醫務人員至部隊中工作，尤須參加第一線之救護工作，並嚴訂獎懲辦法。

7. 救護掩埋，應列陣中主要勤務之一，並頒發手冊。

8. 凡違反手冊規定者，戰場指揮官應受重處。

9. 充實擔架、救護車、直昇飛機等設備。

10. 美國之經理勤務部隊中，有軍墓登記部隊之組織，其任務為擔任死亡人員之檢驗與掩埋墳墓之標幟與維護，私人遺物之登記保管與移送等事務，辦理特別認真而週到，我國部隊雖亦有掩埋人員之派遣，然其事務遠較美國軍墓登記部隊為簡單，今後為要保持戰場士氣而不墜落，戰死人員不應以掩埋為已足。

11. 對衛生醫務人員應根據編制員額需要計劃訓練，或委託普通大學醫學院代訓，在訓練間對於軍事常識及戰場心理之演練應予注意，以提高其膽力，對於國防醫學院畢業後在部隊服務三年之時間應予延長，否則有失國家培養醫務人員之初旨，惟待遇應予提高，以安定其生活。現有擔架救護人員，責成各防守區或軍集中施以短期訓練，以增進其技能，簡化傷兵轉運手續，使能迅速轉至後方。政工人員應廣泛發動民眾參加救護傷運與掩埋工作，以補部隊人力之不足。

12. 反攻時期須有計劃的運用民眾，特別運用於救護掩埋方面，但須注意民眾運用機構事權之統一，即發動民眾者，有權處理民眾給養問題與工具問題，如此始有大效，此亦應於反攻準備中妥為設計者。

13. 擔架兵應將傷者迅速搬運隔離，以免傷者呼叫而影響鄰兵之作戰。

14. 撤退時應先運走傷兵，不得遺棄傷患，此點宜在軍法條例中嚴格規定之。

15. 在被敵圍困作戰中，對傷員處理之種種困難須竭力予以排除，凡堅固之房屋及有掩蓋之掩蔽部應讓予傷者蔽休。

16. 空投補給應有充分之藥品與營養食物發給傷者。

17. 於陸軍編制中增設墳墓登記單位，專任屍體之收集掩埋登記及紀念物之保存等工作。

18. 各連級政工人員應對此項工作負主要之責任，將屍體運至稍後方，留待墳墓登記單位收集。

19. 墳墓登記單位將屍體集中，擇地併列埋葬，並樹立精緻牌記，埋葬之際如狀況許可，宜行莊嚴儀式以為哀悼國殤。

20. 各連勿就地草草掩埋，蓋不隆重之儀式或由戰士出力掩埋，

均將影響士氣，且分散掩埋將增加登記調查之困難。

21.關於掩埋一項，宜在政工典範中明確規定之。

22.陸軍總部於事後應將死亡日期及埋葬確實地通知死者家屬，並將死者身上可資紀念之物品一併寄附。

（補充答案）

一、事實

1. 根據 35 年 5 月以後剿匪期間，津浦線、嶧縣、棗莊等會戰以及齊村、蘇北、高密、平度與追剿豫西、豫北匪軍等十八次戰役之統計，我軍入院傷病官兵為 6.35%，陣亡官兵為 3.42%，傷亡失蹤官兵為 14.89%，而失蹤官兵中證實其確為失蹤者僅 2.56%，其餘 12.33% 中經查明當有一部臨陣脫逃外，但仍多屬遺屍戰場。查戰爭之過程中，如戰事逆轉陣亡及受重傷人員，除即時處理外，事後自屬無法處理。惟戰事勝利之後，據以往經驗，亦僅責成地方人士辦理善後工作，以致忠骸暴露，影響士氣。揆諸傷亡及遺屍人數眾多之原因，厥為救護及掩埋工作辦理不善所致。

2. 35 年冬蘇北戰役，我 7A 在淮陰六塘河作戰遺屍一具，匪即用作宣傳工具，購買棺木，收殮後在棺木上貼滿傳單，乘夜送至我駐地附近，天明後戰士見之心傷氣餒，由此引起逃亡。

二、意見

1. 部隊各級官兵應切實遵照操典及衛勤手冊之規定，平時訓練應注意戰地救護，並於野外演習時規定其為必須演習之科目，以資熟練。

2. 充實衛生裝備，並充分準備急救衛材，尤其輸血設備應盡量應用於前線。

3. 增設流動外科手術隊。

4. 對負傷人員之醫治須認真，師、團應派幕僚督導考核，不能以傷患階級之高低而定醫治之精粗與藥品之優劣 。

四三、「打敵官」、「繳敵械」的口號與精神之實踐。

一、幹部為軍隊之骨幹，士氣團結之核心，幹部傷亡實為戰力上
　　重大損耗，武器彈藥為殲滅敵人唯一工具，一旦被繳即完全
　　消失戰力。

二、匪軍多係裹脅而來，全憑匪幹控制，秉擒賊先擒王之旨，而
　　專打匪幹，擊其重點，摘其首要，罷其巨魁，宥其附從，不
　　但可以加速匪軍之瓦解崩潰，而且使匪官匪兵離心離德，永
　　絕匪禍。

三、今後反攻大陸如何使我軍全體官兵均能深切了解「打敵
　　官」、「繳敵械」之重要性，以贏得作戰之勝利，似應從戰
　　鬥精神之培養與實踐方法之講求著手。茲分述之。

（一）精神之培養

1. 堅定認識

　　隨時隨地提高警覺，以防匪軍之陰謀暗算，堅定寧死不降之
　　志節，養成臨難不屈之勇氣，故平時教育對此精神思想上之
　　認識，務必紮定堅實不拔之根基。

2. 評悉利害

　　反攻大陸之作戰，我軍係以寡擊眾，以弱敵強，必須講求戰
　　術之運用與戰鬥之技能，並確信「打敵官」、「繳敵械」為
　　對匪作戰獲得勝利之有效手段。

3. 必勝戰法之研究

　　奇襲、滲透、突破、包圍、伏擊、夜襲、狙擊均為「打敵官」、
　　「繳敵械」之有效戰法，必須每一官兵熟習此等戰法之運用，

戰時始可收得戰勝之效果，故平時應十分研究。

4. 官兵服裝必須一致，並養成堅強之互信心

在大陸戡亂作戰中，我官兵因服裝及行動之不同，常生顯著之界限，使匪對我官兵易於分別實施瞄準射擊，並製造分離，如我能於平時養成生活行動生死一致之互信心，則匪軍決無可乘之機。

（二）實踐方法

戰場上之情況瞬息萬變，如何能窺破好機，達成「打敵官」、「繳敵械」之目的，則仰賴各級官兵之機智與果敢，尤須於平時週到準備，始能於戰場發揚盡緻。茲將應準備與應發揚事項述之如下。

1. 平時應準備者

（1）狙擊射手之訓練與運用

每一步兵班必須培育一、二百發百中之狙擊手，於戰時專負射殺匪軍幹部之任務，並適應機宜，由排長集中運用，對預想匪軍幹部所在之地區及其發現之徵候，施以急襲射擊，或使擔任伏擊，收效必大。

（2）臨時突擊之編組與運用

各級幹部應積極獲知匪軍指揮機構所在地，並即以必要之最少限人員與火力強大攜行便利之武器，組成突擊隊，採取決死之行動，乘機突擊或滲透或空降敵後，予以澈底之摧毀，此種突擊隊之編組與運用必須於平時多予演練，戰時方可應機使用。

（3）佈置匪後諜網，並加強對匪心理作戰

為確獲匪幹及匪指揮部所在，必須廣佈地下人員，以便

偵知之並隨時對匪方宣傳我軍只「打敵官」與「繳敵械」
之口號，使匪軍官兵離心離德。

（4）訂頒獎勵辦法

使全軍官兵均知撲殺匪幹、鹵獲匪械者可得獎賞，並製
成簡單口號及歌曲如下：

一、 打敵官，捉匪幹，打死一個得五千，活捉一個獎一
萬，奪匪槍，繳匪械，有獎有賞有光榮，又使奸匪
垮得快。

二、 捉匪幹，放匪兵，還匪金。

2. 戰時應發揚者

（1）包圍殲滅戰應多多實施，為繳獲匪械以澈底消滅匪軍，
唯有多行包圍殲滅。

（2）加強伏擊及火線喊話：嗣後凡有與匪軍遭遇之機會，應
多就匪軍易於接近之處，多設伏擊，以擊斃匪幹，並行
火線喊話，使匪兵攜械投誠。

（3）以繳獲匪軍武器之多寡，作評定部隊戰績之優劣。

（4）重賞攜械投降之匪軍，嚴密清查繳獲之武器，並善加
利用。

以上各種措施，務使每一官兵牢記心頭，則一至反攻到來，
必能發生極大之效用。

四四、我軍最大缺點。

　　一千一百萬平方公里國土淪入匪手，四億五千萬同胞陷於鐵幕，此一悲慘史實誰使為之，孰令致之，凡我革命軍人如良心未泯，血性尚在，實應引咎自責，痛改前非。當茲三軍將士枕戈台灣，自由民眾奮起大陸，瞻望反攻大業，實中興在望，復土可期。惟往事不忘後事之師，為使革命第三任務迅予完成，並免蹈過去覆轍，謹將以往我軍最大缺點縷舉如後，以供我袍澤參考，實深幸焉。

一、革命精神喪失

　　忠於國家，忠於領袖，臨危授命，見義勇為，乃我中華民族之傳統精神，智、信、仁、勇、嚴，又為我革命軍人所應服膺之最高武德。由於此故，我中華民族乃能屹立於今，由於此故，我革命軍能推倒滿清，完成北伐，由於此故，能領導全國同胞爭取抗日最後勝利也。惟在戡亂剿匪期中，少數不知大義之將士，乃一舉拋棄過去光榮之歷史，喪盡革命人格，棄職潛逃者有之，屈膝投降靦顏事匪者有之，作戰不力失機覆敗者更比比皆是，至於士無信心，兵無鬥志，更無論焉。以此將帥，以此軍隊，一旦臨戰，安能不敗。考其原因，誠如領袖所示，「現在我們一般高級將領的缺點，真是不勝枚舉，就我所知，第一是本位主義，只知自己不知有人，平時相處，互相磨擦，互相攻訐，在戰場上不能協同一致，不能互助合作。第二是包辦主義，一切事情，不論自己是否可以勝任，先就包攬下來，不許人家過問，其結果使得彼此爭權奪利，而業務則廢弛泄沓。第三是消極被動，推諉責任，凡事皆要上級來推動，而不能認清職責，自主自動。第四在辦事

的時候，不能分別輕重緩急，不經過研究考慮，大而無當，粗製濫造。第五是含糊籠統，不求正確，尤其是對於時間地點和數字始終沒有正確觀念。第六是因循苟且，得過且過。第七是遲疑猶豫，徘徊卻顧。第八是主觀自大，固步自封。」此外又有少數軍中蠹蟲，貪污舞弊，怕死貪生，醉心物質享受，喪失奮鬥勇氣，對主義信仰不堅，對領袖忠誠不夠，剋扣軍餉，縱兵殃民，為非作歹，以軍隊為私產，視國運為草芥，以此將士領軍剿匪，而欲其戰勝攻克者，實如緣木求魚。今後凡我將士，務須澈底覺悟，泯除自私心理，提高革命精神，信仰主義，服從領袖，加強軍中政工，推行以黨領軍，澈底實行監察制度，剷除貪污腐化，果能如此，則黨國前途其庶幾乎。

二、總體戰實行不力

朱毛叛國之部署，在抗戰期間既已積極推進，35 年 8 月間，在延安宣布匪區人民總動員，以配合其軍事造反，並對我軍政方積極展開虛偽之和平攻勢，以圖瓦解我戡亂戰線，處心積慮，實惡如蛇蝎。反之我方於抗戰勝利後，徇部份人民之請求，而將徵兵徵糧宣佈停止，此種措施，固能贏得民心，惟戡亂軍事卻深受其害。此外一般軍人，因頭腦簡單，不明精兵主義之重要，對整軍復員，多受奸匪煽惑，而疑竇叢生，軍心士氣大受影響，且當時我軍除軍事動員外，對於政治、經濟、文化、外交、心理各方面皆未有積極措施，民眾組訓徒具其表，貨幣貶值生活維艱，此種軍政脫節之現象，不僅不能密切配合軍事，相得益彰，反而牽制軍事行動，削弱我軍實力。此一純武力戰之思想，遲至 37 年方遵照總統指示，改弦另張，積極推行總體戰，使黨政軍一元化，建立綏區，動員民眾，以期發揮綜合戰力，澈底肅清奸匪。

惜因黨政軍不能共體時艱，同舟共濟，反使我野戰軍大部凍結於綏區，而不能由戰區機動集中使用。當時民眾組織率多落於地方流氓地痞之手，平時虛應故事，戰時逃之夭夭，故總體戰之實施並未收預期之效果。此外在剿匪初期，接受美方調處，邊打邊談之措施，固屬寬大為懷，相忍為國，但奸匪卻因而坐大，權衡得失，實屬失策。今後反攻大陸應勿忘過去覆轍，鞏固台灣政治，認真推行總體戰，以政治支撐軍事，以軍事開展國策，二者若能相輔，何敵不克。望我軍政同仁，其一致奮勉。

三、缺乏獨斷遇事請示

指揮之要訣，端在明示部隊以行動之方針，予部下以獨斷活用之餘地。戡亂軍與我各級指揮官，不察此意，動則庖代指揮，干涉細部，甚至以戰區長官之尊直接指揮至團，所擬之計劃多僅憑圖上情況之研究，以作紙上談兵之指導，閉門造車，不合情況。此外關於軍隊區分、兵力部署亦均替下級詳為規劃，但對本身所應確定之大計反未詳加推敲，至所下達之命令刻板呆滯，缺乏彈性，以致匪情稍有變化即不能適用。因此下級指揮官為免除其本身責任，乃遇事請示，不知獨斷，似此指揮方式，焉能乘匪弱點而捕捉好機，何況匪軍師承歷代流寇慣技，狡猾詭詐，行動飄忽，若不講求機動獨斷，何能掃穴犁庭，盡殲異類。試舉例以言之，如東北戰場四次進剿通化之失利，及瀋陽西進兵團完成截斷彰（武）新（立屯）鐵道任務，仍嚴令其側敵行動，進出大淩河左岸，協力攻取錦州，遭致全軍覆滅之戰例，實拘束部隊行動，遇事請示有以致之。吾三軍袍澤，其猛省焉。

四、後勤不良

　　兵法云「軍無輜重則亡，無糧秣則亡，無藁積則亡。」國軍抗戰勝利後，即成立聯勤部，此種統一補給之著眼，固無可疵議，但戰場遼闊，轉運困難，公文往返尤費周章，致使後勤與指揮脫節，補給不濟。此外辦理後勤人員，不知主動補給，充實戰力，竟誤認軍需品之給與乃為主管者施予部隊之恩惠，甚至憑其個人恩怨好惡中飽苛扣，刁難拖延，不求實際解決問題，僅在等因奉此中兜圈子。如戡亂期中，便衣隊服裝之製發與東北國軍大車之置備，不知開幾許會議，多少研討，最後終以事關通案或無此預算敷行了事。至於軍品補充，更是毫無計劃，平時任其積庫蝕腐，部隊不得補充，情況緊急時則發交部隊，以致訓練攜行皆成問題。至於預備兵員裝備之儲備與戰場損耗之補充，從不顧及，以致部隊作戰只有損耗而無補充，愈打愈疲，愈戰愈弱。另外，補給機關與部隊不能密切配合，補給手續又嫌過於繁雜，每當部隊接奉緊急命令出發時，恆由此種可怕之手續而未能及時領到彈藥，一旦與匪接觸，交通斷絕，則僅能支持一、二日之戰鬥即告彈盡糧絕，至戰場空投更因諸般困難而未臻理想。尤有甚者，軍中之隊屬輜重迄未建立妥善，部隊一有行動勢非拉夫不可，以致影響軍民感情，妨害軍譽，且影響部隊機動而無法實施大規模之運動戰。其餘如國軍在作戰觀念上，輕視技術，忽略後勤，為國軍嚴重錯誤，今後反攻大陸應引為殷鑑，非力矯此弊不可。

五、指揮不統一

　　國軍之陸海空勤未建立聯合作戰之體制，平時三軍併立，戰時臨時協同，因此上下了解，命令貫澈，統帥威信之建立，協同

訓練之實施，均不能在平時奠定基礎，養成和諧一致之精神，致戰時指揮多感不靈，故在組織上應建立陸海空勤一體之聯合指揮機構。尤其聯勤為野戰軍之支援單位，平時補給裝備，戰時援軍支前，野戰軍在前方殺敵，聯勤任後方之支援，兩者相依為命，密不可分，故應納入組織，成為脈絡一體之建制，使其運用更為靈活。關於海空軍之指揮（海軍以在海岸作戰為限），在協同作戰時臨時撥歸指揮體系，建立 JOC 之體制（美軍現用此制），成為三軍一元之組織，逕受戰地指揮官之統率、指揮，直協支援陸軍之作戰，如此事權集中，自然精神一體，步調一致，不致再同過去之獨具一體，各行所是，陷於分歧龐雜之現象。如過去東北戰場，空軍不隸屬於戰區之指揮，故每次會戰首須徵詢空軍之協議而後興師，即作戰任務之賦予，須用代電邀請，不能逕用命令下達，則指揮運用之不靈，作戰間齟齬之叢生，不知逸失許多戰機。此外同一戰場之指揮亦未趨統一，如蘭、陝兩署兵力較匪為優，然受地域、宗教之限制，對同一戰場作戰之部隊，難產統一作戰之主帥，互不信用，各自為戰，胡軍在武功、扶風作戰時，馬軍坐視不救，獨自退卻蘭州，被匪圍攻時，寧夏馬軍又遲遲不至，終至整個西北皆遭匪各個擊破。以上二例，皆為經驗教訓中最值得檢討之大事，幸聯合作戰中心現已成立，對於未來三軍聯合作戰定能裨益不淺也。

六、戰略方面

我軍在戰略方面最顯著之缺點為：

一、未養成攻勢戰術思想

國軍幹部未認清抗日持久，剿匪則求速決之不同，尤未體認

匪所採用竄擾戰術之本質，在戡亂中匪我相持時，我軍不知集中絕對優勢兵力，機動打擊匪寇，以爭取戰略主動，反而以維護交通目的，而據守點線，殊不知攻擊乃最優良之防衛，以致兵力分散，處處薄弱，匪則針對此一弱點趁虛蹈隙，以大吃小，各個擊破我軍。回憶當時，我徐州剿總將大軍沿隴海、津浦兩線，一線部署，而使劉匪伯承數次越過隴海線，終至流竄大別山，使我在戰略方面完全被動，打通津浦線之企圖遭致澈底之失敗，誠良可惜也。

二、側重攻城略地，忽視殲滅價值

　　抗戰勝利後我政府為達成政治接收，乃實施軍事攻勢，側重城市之佔領，忽視殲滅匪軍之價值，致未窮追猛打，實養癰成患，貽害無窮。反之匪在初期雖亦以阻止我軍受降為目的，而與我正式作陣地戰，但自張垣失守、榆關被佔後，匪自知實力不敵，徒遭犧牲，為培養其實力並機動打擊我軍計，乃轉取運動戰。在此期中，我軍士氣高漲，裝備優良，兵力雄厚，若以殲匪主力為著眼，則速戰速決，勝算早操，惜未遵行領袖所示打匪首、繳匪械，而終至鑄成大錯。

三、分進合擊未收實效

　　我軍在戡亂期中，各戰場均以外線作戰之方式分進合擊，企圖殲滅匪軍，此種戰法固無可厚非，但因我軍：（1）指揮呆重，（2）行動遲緩，（3）情報不靈，（4）協同不良，（5）過於重視計劃，而忽視戰場之機會，以致分進合擊多未收實效，反遭失敗。如張靈甫於孟良崗，李仙洲於吐絲口之戰，皆可為例證。

四、未積極發展地方武力

民 35 年間對各省保安及地方武力之建立，始而要求集中由國防部管制，繼而授權各省，最後又擬由國防部掌握，似此政策不定，實影響地方武力之建立。此外，對招降偽軍，收編游雜，亦因辦理不善而被匪利用，以致進剿股匪，綏靖地方，皆為我野戰軍是賴，輾轉作戰，疲於奔命。反觀匪軍對地方武力之創建，不遺餘力積極擴充，故能以正規軍從事野戰，游擊隊則作牽制擾亂之用，地方武力則作為控制民眾掩護政治之用，似此平分任務，各有專責。故能奇正相生，運用自如也。

五、碉堡政策運用不善

江西剿匪之碉堡政策，其目的在封鎖匪區，作為我軍進攻之掩護，而戡亂時期之碉堡，是用以死守待援，平時無人監管，戰時無兵固守，徒資匪以進攻之憑藉，如塔山匪軍即利用我軍碉堡，以阻止我軍解圍錦州。故嗣後對碉堡政策，勢須根據此一戰例而重行檢討也。

七、戰術方面

戰術上最大之缺點為：

一、兵力部署未形成重點

抗戰勝利初期國軍兵力遠較匪軍優勢，但由於平均分配兵力之錯誤，未能澈底集中優勢兵力於決戰方面，形成重點，故總兵力較匪為優，而每次會戰兵力則均為劣勢，不知道用戰略上以寡禦眾，戰術上以眾擊寡之原則，遭致匪之各個擊破。

二、作戰情報多不確切

大陸作戰時，吾人不僅不知彼，甚至不知己。反之我軍行動，匪則瞭如指掌。如37年7月徐州剿總五次電告整5A謂杞縣以西有陳匪賡五個縱隊，致邱清泉以整70D置杞縣，不能以全力救援友軍，事後乃知並無其事。

其他如：（1）我軍不慣夜戰，（2）囿於點線戰術，（3）部隊缺乏協同，（4）疏於警戒搜索，（5）保密防諜不確實，亦為我軍之一般缺點也。

八、幹部缺乏研究檢討精神

國軍幹部缺乏研究學習與檢討之精神，即使偶而舉行檢討會議，亦不過徒具形式而陷於訓話之儀式，縱有檢討，亦多缺乏忠誠，誇大浮報，邀功諉過，規避責任，而對各軍種、兵種有關協同作戰之檢討更屬絕無僅有，尤其在會戰前甚少召集所屬集體研究，因之不能吸收每次血戰之教訓，以致軍事進步緩慢。

總上檢討大陸失敗之教訓，顯者的缺點極多，由表面上看有技術低劣，情報不確，戰法落後，組織不嚴，人事紊亂，不能保密，陷於被動，不能機動，缺乏機警；在思想上看有缺乏信心，寡廉鮮恥，喪失節操，因循苟且，敷衍塞責，貪污腐化等。溯其起源，皆是出於自私自利，針對此因研究，其能一針見血的改進辦法有三。

第一、樹立有保障的平等生活制度

衣食足而後知榮辱，如仰事俯畜，朝夕不保，不平現象林立眼前，何能期其公而忘私，國而忘家，各皆為衣食自保，不以事業見重，故精神渙散，士氣不振，陷入自私。

第二、上下一致養成納諫之風度

　　木受繩則直，人受諫則聖，士無教交則失德，國無諍臣則失政，軍無忠貞則無不覆沒，脅肩諂笑，雖為眾認可恥，卻為常人所喜，忠言勸善，固為有口皆碑，但最易使人逆耳，且組織最高的效用，係在發揮集體的智慧，納諫乃是啟迪之開關，軍無納諫之風，忠貞難言，奸邪倖進，則賞罰不明，是非倒置，豈能期其不牽於私情而附合於公論。如納諫風立，邪惡自消。

第三、信念建築在遠大的共同希望上

　　人類最大的力量為萬眾一信，其集體的信念是建築在遠大的共同希望上，放諸歷史與哲理，個人的威望遠不及不悖真理共同之信仰，威望易受挫折而消失，真理益困而益堅，威望易為奸人所曲解，共同之信仰有如日月光輝永難失明，軍隊各級主官若僅以威望控制，不獨人亡政息，且難免恩怨糾紛。

　　準此三點改進，不難力矯以往自私心理作祟，自可公而忘私，國而忘家，人盡其才，物盡其用，技術熟練，戰法日精，一切惡習缺失均消於無形，則反攻復國之勁旅，當可計日而建立。

四五、我軍剿匪之弱點：子、呆重，丑、不敢
　　　夜間行動，寅、官長與各級指揮部目標
　　　之顯著，卯、不能祕密與封鎖消息，辰、
　　　無佯動與欺騙方法，巳、不注重密碼本
　　　與不講求通訊保密與欺敵之手段，午、
　　　情報與偵探之拙劣，未、宣傳與組織民
　　　眾方法之拙劣，申、不敢突擊與夜襲，
　　　酉、無機動性，戌、不注重在佔領地與
　　　匪區播種細胞與爭先祕密組織，因之處
　　　處陷於被動。

我軍剿匪之弱點與處處陷於被動之原因及事跡，列述如次。

子、呆重

在 36、37 年間之編制不合剿匪作戰，機械化部隊因本身訓練不夠與高級指揮官缺乏對機械化部隊使用之修養，以致犀利之武器形成呆重之累贅，又各級指揮官缺乏積極企圖及適當之行軍部署，與不能因糧於敵，需自帶給養等，均為呆重之因素。如 36 年魯西追剿時，王仲廉兵團轉戰鄆城一帶，日行不及卅里，擁擠不堪，呆重異常，糧彈不能隨軍行動，被匪截擊，機械化部隊復需派兵掩護，反為部隊行動之累贅。因行動呆重，追剿中僅有小接觸，雖我兵力強大，但未將匪捕捉而殲滅。

丑、不敢夜間行動

由於部隊夜間訓練不良及匪情地形之不熟習，指揮官復多無旺盛之企圖心，而自恃裝備優勢與依賴空軍作戰等因素，在戡亂期中恆晝戰夜息，久之即將夜暗時間轉讓與匪，匪即肆行無忌，

遜至我對夜暗發生恐懼，而不敢夜間行動。

寅、官長與各級指揮部目標顯著

戡亂中各級指揮官其服裝居處均不改平時狀態，而車馬扈從尤屬不少，形態獨特，為匪「挖心戰」之有利目標，各戰役中各級指揮官之被俘及被暗殺與指揮部之被襲擊，胥由於此。

卯、不能祕密與封鎖消息

國軍一般保密警覺不高，消息之封鎖亦不嚴密，如 36 年 8A 由掖縣、沙河撤防前，全城盡知，以致被匪截擊。又嶧棗之役，歐震兵團北進時亦因消息封鎖不密，陳毅匪部竟於三日前自動撤出臨沂。

辰、無佯動與欺騙方法

剿匪期中歷次戰役，均本正規戰法實施，而無佯動與欺騙方法，未審虛實，即無奇正，而違詭道之原理。

巳、不注重密碼本與不講求通訊保密與欺敵之手段

不注重通信保密之事例甚多，作戰因之失敗者不少。如 35 年整 69D 在宿遷駱馬湖被圍，以明語無線電向徐州求援，竟謂「本晚彈藥不到即不能支持」，結果該師被殲。而於來台之後故態尚存，如 39 年秋南部大演習，守軍以明語將戰車部隊行動告知第一線部隊，致逸戰機，尤為遺憾。至於欺敵之手段，更屬鮮見。

午、情報與偵探之拙劣

由於情報組織不良與人員素質低劣，我之情報及偵探在戡亂

期中成效甚微，致匪情判斷多不正確，事例之多不勝枚舉。而來台之後，於 39 年南部大演習中，守軍對侵入之敵兵力轉用，全不知悉，可見一般。

未、宣傳與組織民眾方法之拙劣

戡亂期中之宣傳組織多未針對時地人事而實施，而宣傳與行動復常脫節，組織亦不能掌握，徒具形式。如在東北作戰中，初期民心歸向對國軍極具熱忱，但我未加組織控制，而宣傳亦未深入民心，迨至我軍轉移，匪竄據而加以麻醉控制之後，我再進入前所駐紮之地區時，民眾對我之態度即迥異於前。

申、不敢突擊與夜襲

不敢夜襲之原因如前「丑、不敢夜間行動」所述。如於卅七年雙堆集會戰中，我軍夜夜被匪攻擊，我則蜷伏於夜暗而不敢夜襲。至突擊作戰，亦因情報不足與行動呆重及缺乏旺盛之企圖心與果敢之毅力，鮮見實施。

酉、無機動性

部隊無機動力由於呆重，前已述之，但指揮官之無機動性，難制機先，而指揮官戰志之消長，尤可左右部隊機動力之強弱。如整 48D 於 36 年 4 月作戰中，機動力甚強，但至 8、9 月追剿劉匪時即遠不如前。

戌、不注重在佔領地與匪區播種細胞與爭先祕密組織

剿匪期中作戰部隊既忽視組織民眾以蒐集情報與增強戰力，對「三分軍事、七分政治」之剿匪綱領亦似遺忘，以致不注重在

佔領地與匪區播種細胞及爭先祕密組織，而自我孤立。如卅六年四月上旬國軍收復梁邱山地，未能及時組織控制，迨泰安戰後，匪竄入組織，而為孟良崮失敗遠因之一，對於佔領地尚且如此，對匪區之滲入更難顧及。

　　綜合上列之十一項弱點，可歸納為下列之四類而矯正之，以求主動。

一、防諜保密
　　須矯正：（寅）官長與各級指揮部目標之顯著，（卯）不能祕密與封鎖消息，（巳）不注重密電碼本與不講求通訊保密與欺敵手段，（戌）不注重佔領地與匪區播種細胞與爭先祕密組織之四大弱點為主，以掩蔽自己，出隱入微。

二、情報勤務
　　須矯正：（午）情報與偵探之拙劣，（戌）不注重佔領地與匪區播種細胞與爭先祕密組織之兩大弱點為主，以洞悉匪情，舉而不迷，制匪機先。

三、作戰指揮
　　須矯正：（子）呆重，（酉）無機動性，（辰）無佯動與欺騙方法，（丑）不敢夜間行動，（申）不敢突擊與夜襲之五大弱點為主，以求奇正互變，舉而不窮，出敵意表。

四、戰地政務
　　須矯正：（未）宣傳與組織民眾方法之拙劣，（戌）不注

重佔領地與匪區播種細胞與爭先祕密組織之兩大弱點為主，以增強戰力，確保勝利。

　　爭取主動之道雖有此四端，但以祕密為最要，如不講求祕密，任何措施均無效果之可言。反之雖不知彼，而能使匪不知我，亦可如孫子所謂「不知彼而知己，一勝一負」矣。

四六、匪軍之優點與我軍應注重練習。

（1）飄忽竄擾，（2）出沒無常，（3）捉摸不定之鬼態。
（1）盤旋打圈，（2）乘虛蹈隙，（3）聲東擊西，（4）避實擊虛之慣技。

　　匪以山林毛賊，烏合之眾，惟圖苟全而打家劫舍，亦惟利是視，其行動亦如一般土匪之飄忽竄擾，出沒無常，捉摸不定，與盤旋打圈，趁虛蹈隙，聲東擊西，避實擊虛，固無所謂戰法之可言。惟於長期叛亂中，習於流竄，慣行鑽隙，以歷次失敗之結果，反覆檢討，逐漸形成為匪之特有戰法，不期然而符孫子之「兵以詐立，以利動，以分合為變」之原則，善於利用我方之間隙與矛盾，及利用我方之過失與弱點，配合社會環境和政治背景。抗戰之後，匪勢日張，遂至受敵而無敗，例如：

（一）劉匪伯承 35 年竄擾魯西，36 年竄擾大別山，均以急速之行軍，而所到之處裹脅民眾，掠略物資，狼奔豕突，以致戰略形勢因而改變者，「飄忽竄擾」，此種鬼態或為戰略反攻，或為裹兵求糧，或為以竄擾代替作破壞我方政權也。

（二）35 年秒至 36 年初，國軍大舉清剿蘇北，陳毅匪之主力即竄魯南，而留置粟裕、官文蔚匪之一部，隱伏於高郵湖附近地區，迨國軍兵力轉用時，則又大舉出現者，「出沒無常」，此種鬼態在戰場指揮官意志之堅定與謀略之運用適切，即能戰則迅速殲滅敵人，不能戰迅速脫離隱伏，既可保存實力，以觀敵之虛實，亦可眩惑敵人，保持主動也。

（三）36 年 1 月陳毅匪部在我歐震兵團壓迫下，由蘇北退入魯

南後，即與我失去接觸，對其行蹤即捉摸不定，我對匪行蹤未判定之際，匪即突以內線作戰姿態出現，先擊破我嶧棗兵團，復擊我南進部隊。洛陽之役，匪亦先集結於洛、鄭以南嵩縣一帶地區，犯鄭犯洛均屬可能，以致我兵力分散，迨黑石關、阿林口失陷後，洛陽已無法救援救，凡此即匪之「捉摸不定」。此種鬼態，除應有堅強政治與軍事之領導及嚴格紀律外，並須與群眾密切連繫，以我之意志保持主動，致敵而不致於敵也。

除上述之三種鬼態外，尚有下列之四種慣技。

（一）盤旋打圈

匪常分為若干小股向我側後盤旋，疲憊我軍，再伺機集中兵力以打擊我之一部。如36年6月李匪先念盤旋於漢江兩岸，牽制我六個整編師幾一年之久。

（二）乘虛蹈隙

匪常乘我空虛薄弱，或立足未穩及發生過失時，即集中全力猛烈襲擊。例如35年四平鏖戰兼旬，我抽調遼南等處兵力北進後，匪即直趨南溪、海城，如入無人之境，四平之圍雖解，而半壁河山已陷匪手也。

（三）聲東擊西

匪圖攻擊我某一點之前，先以一部竄擾另一地區，或以宣傳佯動，以轉移我之注意力，然後再集全力向此一點猛襲。例如36年匪在平、津、保三角地區對我16A發動夏季攻勢時，即先趨滄、青，後撲徐、固，同年秋勢攻勢亦先以5CD竄擾於松林口，然後以2CD、4CD猛撲該軍。涇渭河谷之役王震匪部之2CD已被我52A包圍於屯子里一帶地區，殊於入暮後匪利用聲東擊西之慣技，使我相互衝突，匪即趁機東竄。

（四）避實擊虛

匪不攻堅，不打強，常避開我之正面而攻側背。例如 36 年 5 月涇渭河谷之役，彭匪德懷以主力由長武經邠縣以西竄武功，經我 1D 迎頭痛擊之後，立即西折，乘我軍東調之虛，襲擊我寶雞、天水兩要地。

綜合上記各項，均以奇襲為原則。孫子曰：「戰以正合以奇勝」，匪之鬼態與慣技當屬其優點之所在，我軍應注重練習，俾於反攻作戰中獲致勝利。基於奇襲之著眼，練習特應注重下列之各項：

一、注重政治訓練，堅強官兵精神，武裝發揮鬥志。

二、注重總理遊擊戰五種技能，與總統訓示四大要訣之訓練。

三、注重幹部訓練，使具有臨機制勝、獨斷專行之能力，為訓練之基礎。

四、注重警戒及搜索訓練，以及民眾組訓，以掩蔽我軍行動，並洞悉匪情與加強保密措施。，

五、注重行軍與體能訓練，尤其是夜行軍及岩岸河川之通過，以求運動快速，出敵意表。

六、注重通信連絡訓練，以求分合自如，掌握確實行動協調。

至匪之飄忽竄擾，出沒無常，捉摸不定，與盤旋打圈，乘虛蹈隙，聲東擊西，避實擊虛等行動，係依當時狀況之適宜措施，應以沙盤兵棋等多設情況先行演練，再於一定地區與一定時間內以自由統裁方式實兵對抗，以磨練其警覺與機動，務翻陳出新，窮其變化，以熟練奇襲及反奇襲之各種戰法，制匪之鬼態與慣技，而以其人之術還治其人之身。

又匪於大陸叛亂中所有各種鬼態與慣技，均屬地面匪之行動，目前匪勢已擴至天空與海洋，匪必將利用機艦之優勢機動能力，

以顯其鬼態，逞其慣技，我海空軍亦應本此而為所要之訓練，免被所乘。

四七、匪既化整為零，我應分區集中兵力圍剿其中之一股，予以各個澈底解決（36年12月21日）。

一、匪「化整為零」戰術之分析

匪以流寇起家，裝備輕，行動速，於大陸圍剿期間，面對強大之國軍兵力、火力之對比，極為懸殊，故除運用其詭詐欺騙之心理作戰，以爭取廣大群眾之錯覺心理及摧毀政府之社會根本外，於軍事行動上，唯有避強擊弱，乘隙蹈虛，並依陽動欺騙滲透流竄為其作戰之手段，且深曉孫子所謂「小敵之堅，大敵之擒」之理，有時集中兵力，以大吃小，各個消滅國軍，有時化整為零，隱沒潛伏，避免決戰，以分散國軍兵力，其目的一面期使國軍形成「無所不備、無所不寡」之態勢，以遂其牽制國軍兵力，疲勞國軍兵力之企圖，一面在保存其兵力，待機而動，乘國軍行動之錯誤、部署之弱點，以行襲擊。

二、國軍應取對策

檢討國軍以往作戰，每逢匪化整為零時，非躊躇滿志即徘徊失措，非兼籌並顧，即首尾失應，以致坐失各個殲滅之良機，且招致被匪牽制、被匪分散、被匪奇襲之惡果，故唯有乘匪化整為零，兵力分散之際，以迅雷不及掩耳之行動分區集中兵力，迅速先行圍剿其中之一股，然後予以澈底之解決，始為至上之對策，但為達各個殲滅之目的，必須注意下列事項：

（一）嚴密情報組織，並加強部隊之搜索能力。

（二）增強部隊機動力，並適時編成快速部隊。

（三）訓練部隊之夜戰能力及各種地形之適應性。

（四）與地方黨政組織及民眾嚴密配合，監視敵蹤，並佈成保
　　　防網。

（五）與友軍之緊密連繫協同。

（六）指揮官須機警果斷，處置迅速，爭取主動，出敵意表。

四八、以第二等部隊對第一等之匪，以第一等部隊對第二等之匪，此乃明代剿匪之辦法，應加研究效法。

一、史例

　　明代匪患猖獗，經年征剿無果，嗣用戰國時孫臏賽馬之策，運用於兵力之部署上，使以較弱之第二等部隊牽制強悍之第一等匪，而以精銳之第一等部隊集中力量擊破較弱之第二等匪，始達成各個殲滅之目的。

二、共匪對此戰法之運用

　　共匪自叛亂以來，除憑藉其地方武裝及民兵部隊構成掩護幕，以掩護其第一等精銳之野戰軍，與偵察國軍情況外，且無役不因襲明代剿匪辦法之精神，以軍區部隊牽制擾亂疲困我第一等精銳部隊（當時匪有拖垮黃百韜，累死邱清泉等口號），以人海消耗我彈藥補給，先行打擊我次等或較小或已衰竭之部隊，以實現其打弱強亦弱之作戰指導。

戰例：36 年 4 月－5 月孟良崮之役

　　陳毅匪部於 35 年冬經蘇北、魯南數次激戰，復因傷亡慘重，乃退竄沂蒙山區整補，另以其較弱之張光中部（屬匪魯南軍區及各縣民兵），竄據梁邱山地牽制我 1CA、2CA、3CA、39A 等部精銳兵力，糾纏數月之久，爾後乘我整 74D 突進孤懸之際，陳匪野戰軍主力突向孟良崮合圍，遂致該師陷於覆滅。

三、戰術原則「集注」與「節約」之研究

　　戰術九大原則中，一則曰澈底集注兵力，一則曰盡量節約兵

力，二者之間相因相成，而實不可分，蓋其他方面之節約兵力，其目的即在集注兵力於決戰方面，孫子所謂「弱生於強」，強為目的，「弱」為手段，無弱不足以形成強，「強」即是「集注」，「弱」即是「節約」。但戰場上敵我兵力優劣之勢，常難一致，當我兵力絕對優勢之時，固應集中兵力求敵主力而決戰，以期一舉而擊潰之，但我兵力若與敵概等，甚至不若時，視乎狀況亦應以一部盡力牽制消耗敵之主力，而以我主力尋求敵之弱點而達逐次擊破敵之目的。

四、本戰法之分析

所謂第一等部隊、第二等部隊，一方面須視部隊之素質（部隊之歷史、指揮官之性格及其訓練之程度與士氣等），另一方面應基於裝備之優劣以及火力之強弱而區分之。第二等部隊之任務在牽制、消耗、擾亂、眩惑、欺騙敵之主力，以空間爭取時間，務使第一等部隊之作戰有充分主動之自由，並須力避決戰，要求於主力獲勝以前不為敵所擊破，且努力消耗疲憊敵之兵力，使其由強變弱。第一等部隊之任務，在利用第二等部隊之牽制，迅速猛烈，澈底擊破敵之各個部隊，務求於第二等部隊未為敵擊破以前而達成之。當戰場上敵我兵力之消長異趣時，實為對我最有利之時機，此時我應澈底集中第一、二等部隊之全力，以求敵主力而殲滅之。

但此種戰法於敵我雙方本為相對之關係，蓋我第二等部隊牽制第一等之匪，應防其以大吃小，各個擊破。而我第一等部隊攻擊第二等之匪，應防其化整為零，牽制困擾。故其利害得失，實彼我一致，而其勝敗之關鍵，一面繫於迅速正確之情報，以獲知匪軍部隊之戰力與其動向，一面繫於指揮官之決心果敢，而適切

部署兵力，此則詳密考慮時間、空間、天氣、地形以定兵力之分合，並盡力發揮機動奇襲之效果，與三軍之統合力，以求得全勝矣。

五、我第二等部隊（地方武力）之再編配

我軍今後反攻設使節節勝利，欲求於廣大之地域肅清散匪，鞏固地方政權，決非徒賴正規軍可為功。故如何收編游擊部隊，再造地方武力，實為急切之圖，否則從消極言，清剿散匪綏靖地方，防守要點掩護政權，一惟國軍是賴，則國軍未有不因而疲憊削弱者。從積極言，掩護牽制擾亂拘束之力量無由形成，益以今日國軍有限之兵力，對於第二等部隊之地方保安部隊游擊武力今後如何編配、如何升補，實應先事綢繆，預為計畫。抑又有言者，無論政府或各級指揮官，對於此等部隊不可再存有歧視心理，任其自生自滅，重蹈過去覆轍。

四九、匪部作戰之優點。

子、 補充兵源之充裕及其行軍力之強。

丑、 通信與情報網之完備。

寅、 基幹教育與組織教育及其紀律與監察之嚴厲。

卯、 思想觀念生活行動之一致。

辰、 調查偵察之認真，宣傳方法會議批判與結論之精巧，及其
內部鬥爭之精神與技術之殘酷。

巳、 軍民組訓與控制之殘忍。

午、 幹部自動服務，積極攻擊與負責盡職之習慣。

未、 黨政一致、軍民一體、生活一律之一元化制度。

1. 兵源充裕

利用「組織」「宣傳」力量，以共產主義謬論欺騙引誘，使
一般無知勞苦同胞墜入殼中為其利用。

2. 通信情報完備

匪軍一方面深切注意其通信防奸保密，一方面積極利用各種
詐術詭計蒐集我方情報，因此：（一）匪軍情報組織特別嚴密，
內部保防確實，對外偵察則無孔不流，無孔不入；（二）通信組
織運用臻善完備，尤其「通信」、「偵察」合編為一個單位（如
偵通連、偵通營等），使情報搜索與通信連絡密切配合與運用
靈活。

3. 基幹教育與組織教育併重

毛匪於民國 28 年在延安軍政大學訓話，曾誑稱：「一個人

民軍隊的幹部應該具有堅定的政治方向和艱苦的工作作風,最後還要同人民的敵人鬥爭時,還必須具有靈活的戰略戰術。」以上三項之「思想」、「作風」、「戰略戰術修養」一向為匪軍基幹教育恪守不渝的準繩。此外匪軍並以「一切透過組織」為其活動中心,故匪軍有「寓生活於鬥爭,寓訓練於戰鬥」,並且匪軍認為紀律之執行與維持主要在於教育,所以獎懲視為教育之方法。

4. 思想觀念生活行動一致

匪軍認為思想領導與思想改造是一切行動的樞紐,所以匪有「思想掌握一切,思想改變一切」的觀念,毛匪論理論與實踐結合曾詆言謂「掌握思想教育是團結全黨進行偉大政治鬥爭的中心環節」,因此匪是用「一致的思想」來統御一致的生活行動。

5. 重視調查偵察宣傳

匪為蘇俄之第五縱隊,故先天養成認真「調查偵察」之本能,劉匪少奇曾詆言謂「有了堅強的祕密工作才會有鞏固的黨」,因此匪認為調查偵察工作為「隱蔽戰線的鬥爭」。此外匪宣傳工作最成功之處,為「通俗、普遍、巧妙、深入」,所以一般同胞受匪宣傳欺騙麻醉仍執迷不悟。

6. 軍民組訓確實

匪軍每至一地,即利用收買貧苦工農恐怖殺囚地主資本家的手段來控制佔領地區之一切,匪軍控制佔領地區後即施行六有政策,即「有政權」、「有食糧」、「有壯丁」、「有補給」、「有輸力」、「有諜報」,使一切民眾都歸納匪組織之內,而由匪控制為其參加軍事作戰之用。

7. 對幹部要求嚴勵

匪軍對幹部基本要求：

（一）政治意識堅定，

（二）思想方法要依據「唯物辯證」的觀念，

（三）對事耐心，處事多用說服，

（四）能識人、能用人、能容人，

（五）虛心求進步，不斷學習，

（六）對工作積極負責，

（七）要特別表現紀律性與組織性，

（八）日常生活力求艱苦樸素。

匪軍重實踐之精神，有上面之要求，造成匪幹負責盡職之風尚。

8. 黨政一致、軍民一體、生活一律

匪幫黨政軍三者之關係，是在黨一元化領導之下，完成「黨政合一」、「黨軍合一」、「軍政合一」。毛匪論聯合政府對匪軍謊言訛語謂，「人民解放軍宗旨有很好的內部外部團結的政策，內部官兵之間，上下級之間，軍事政治工作之間，外部軍民之間，友我之間，都是團結的」。綜合以上研究，匪黨政軍一元化制度之精神與運用：

（一）以黨執政，以黨領軍，以軍輔政；

（二）黨與政府聯繫廣大群眾，鞏固軍隊，協助軍隊達成任務；

（三）軍隊為黨開展清洗阻力，為政開拓地方掃除障礙。

以上三項，循環運用相輔相成的發展。

五十、37 年 11 月 25 日以後黃維兵團在雙堆集作戰之經過應詳查記載。

事實

37 年徐蚌會戰，我 12CA（10A、14A、18A、85A）黃維部奉命由平漢線東調加入徐州戰場作戰。11 月 19 日該兵團進至蒙城以北地區，擊潰劉匪 1CD、2CD、4CD 之各一部，強渡渦河，時兵團部參謀長蕭銳及 18A 軍長楊伯濤曾向黃司令官建議謂：「匪已早有準備，我為免受其愚，應改變計畫堅守蒙城，俟偵知匪虛實後再以全力進攻」，但未為黃司令官所採納。21 日強渡浥河向板橋集、許町集推進，以計畫不周，部隊已成紊亂狀態，此時楊軍長及 11D 師長王元直又向黃司令官建議：「我軍應向蚌埠方面轉進」，又未為黃所採納。22 日 18A 到達蘆向集，10A 忠信集、任家集，14A 及兵團部趙集，85A 蒙城，49D 阜陽附近地區，連日以來均有戰鬥。23 日一部強渡澮河，進佔張圍子及南平集外圍之楊莊、小陳莊，殲匪 1CD、2CD、3CD 共約三千人。24 日 6CA 李延年部在固鎮遭陳毅匪部側擊，向蚌埠撤退，黃兵團以有力一部於澮河北岸張家圍、七里橋各附近與匪 1CD、2CD、3CD、4CD、9CD 發生戰鬥，主力在澮河以南集結向蚌埠東進，期與 6CA 會合後再行北進，嗣以遭匪阻擊，前進困難，乃又回師，並於回師之前令 49D 先向東南行動佔領要點，掩護兵團轉進，因予該師之合同命令於傳送途中為匪截獲，因之我軍部署行動盡為匪悉，而兵團部又未適時變更部署，妥謀對策，以致遭受以後重大之失敗。26 日轉進至雙堆集附近，被匪 1CD、3CD、4CD、6CD、9CD、11CD 所圍攻，遂以該地為核心與匪決戰。27 日 49D 於大營集附近被匪衝散，110D／

85A 師長廖運周率部叛變，此舉予該兵團以精神打擊甚大，態勢亦因此更行不利，為匪全部包圍於雙堆集地區。28 日匪在該兵團四週逐村構成據點工事，加強包圍。12 月 2 日黃兵團以一部固守陣地，主力反攻無效，匪則連日以 3CD、4CD 在北，9CD、11CD 在東，以葦子湖莊、五塘、大韓、小韓、馬莊、白大小莊、楊莊、羅莊為基點挖掘坑道，向我陣地逼近縮小包圍。4 日晚匪向我陣地猛撲，我空軍以全力日夜直協作戰，雙方傷亡均重。胡副司令官璉於是日飛抵該地協助指揮，5-7 日匪 4CD、7CD 分向我 10A 之小馬莊、14A 之李八集、85A 之李莊各陣地猛攻，李八集、李莊均陷匪手，戰況急劇惡化，地區逐漸縮小，空投糧彈亦更難。8 日晚匪大舉向我前周莊進犯，經三小時之激戰，我守軍 328R 為匪消滅，此時 10A 傷亡已重，部隊殘破，18A 傷亡三分之一，惟戰志彌堅，故猶能賴以支持危局，前周莊陣地陷匪後，周莊陣地突出，乃將該地守軍 85A 之一部於 9 日轉移至 18A 陣地，入暮匪集中砲火向 85A 王莊、18A 雙堆集、10A 馬圍子陣地轟擊，至為猛烈，沈莊後周莊陷匪。10 日匪向王莊猛犯，激戰澈夜，該莊遂亦陷匪，23D／85A 及 216D 僅餘殘部，11 日馬圍子失陷，11D／18A 及 118D 向雙堆集西數小村莊反擊，頗有進展，惟為兵力所限，不能固守，入夜仍棄之。12 日匪 6CD 犯小馬莊，被我消滅約一團之眾，楊圍子陣地被匪突破，守軍大部犧牲，雙堆集南之大王莊亦陷。13 日匪以猛烈砲火向我核心陣地射擊，幾全被摧毀。14 日李莊、楊莊及雙堆集東南角、玉皇廟小高地均陷匪手，人馬車輛被壓縮於雙堆集、東西馬莊間地區露營時，為流彈所傷。15 日匪實行總攻，該兵團以久戰衰疲，眾寡懸殊，彈盡援絕，乃於是日 12 時召開突圍會議，當決定向東南及西南方向突圍。自 17 時開始行動，人山人海，在匪槍林彈

雨中只顧前進，絕無還擊者，尤其在渡河之際，人馬相雜異常混亂，戰車衝向人群，因而壓死者不計其數，慘狀令人目不忍睹，耳不忍聞，當此時也，人心惶恐，士氣消沉，已無鬥志，三五匪徒竟能威脅我整營整連放下武器，束手就逮，兵敗如此，至為可嘆。是役除胡副司令官璉（負傷）、尹師長俊、王師長靖之脫險外，熊軍長綬春壯烈成仁，黃司令官維、楊軍長伯濤、吳軍長紹周、覃軍長道善等均被俘，突圍歸來官兵僅四千人。

意見

一、徐蚌會戰為我生死之決戰，黃兵團調赴戰場為至當之決策，惟行動之時機過晚，且重裝備較多，長途跋涉千里馳援，未能到達而遭各個擊破。

二、查雙堆集位於澮河、淝河之間，地形平坦，開闊無險可守，該兵團作戰時蝟集一地，以致遭受包圍，遂使十萬大軍不能發揮作用。

三、合同命令之下達，其時機及運用，僅以必要時為限，對師之作戰命令實不宜以合同命令行之，又命令於傳達途中為匪截獲，全般企圖當然暴露，而黃司令官未能適時變更部署，妥謀對策，安得不敗。

四、我徐州兵團既已被阻，蚌埠兵團又不能馳援，致使黃兵團陷於孤立，同時守備區太小，空投補給日趨困難，雖該兵團戰志堅強，但彈盡糧絕，亦無能為力矣。

五、李延年兵團於黃維兵團被圍時，增援作戰不力，行動遲滯，未能以攻勢手段達成任務，反取消極防禦，使黃兵團陷於無可挽救之境地。

六、黃司令官脫離部隊已近十年，對匪軍戰法及力量頗多忽視，

且到差不久，與部屬之間尚未建立良好之信念，加以個性太強，剛愎自用，對於部屬建議甚少接受，對於會戰失敗亦不無影響。

七、情報不靈，感覺不敏，當攻擊發生頓挫時，應知敵之強大，既經決定東進，當以速捷之行動脫離戰場，而計未及此，致為匪所乘。

八、將領陣前投匪，影響士氣甚大，爾後意志不堅之將領，應早為汰除，以免後患。是役 110D／85A 師長廖運周臨危叛變，造成該兵團失敗之關鍵，即為一顯著之例證。

九、黃維兵團十萬大軍千里馳援，負有積極任務，自應講求後發先至之行動，乃黃司令官不遵照層峰將「重裝備由漢口水運東下轉津浦路，俟到達戰場後再行配屬」之指示，以致行動遲滯，且對行軍部署又未講求併列分進，致大軍行動擁塞一途，故進出河川，遭匪一部阻擊，即無法前進。

十、我軍將領不明大義，多顧慮自身利益，致全局蒙受損害，對匪情研判又不夠明確，行動遲緩，不能達兵貴神速之要求，亦為失敗之因素。

十一、「一語外洩，全軍覆滅」，保密之重要於此可知矣。而黃司令官對此並未加以注意，於突圍之前，先將突圍日期電告其妻，致肇誤國誤事之果，此種缺乏軍事機密之舉動，實足貽笑後人。

十二、疏於警戒搜索，致受兩翼包圍而不自知。

十三、部署不當，指揮官無決心，並缺乏剿匪經驗，未能積極主動集中兵力，各個擊破匪軍。

十四、陸空協同欠密切，陸軍未能利用空軍攻擊時間作果敢之行動，空軍亦未盡其全力作有效之支援。

五一、剿匪戰術之要務。

機警－警覺
防範－戒備
機密－迅速

一、機警－警覺

　　戰場情況瞬息萬變，凡臨陣必須機警慧敏，始能主宰戰場，立於主動，故孫子曰：「智者之慮，必雜於利害，……雜於利害而患可解也」，所謂「慮」乃以敏銳之眼光，靈活之頭腦，迅速分析戰場多變之狀況，不受匪之眩惑，不中匪之埋伏，不入匪之口袋，不遭匪之奔襲。指揮官須時時提高警戒，方能明察秋毫，見微知著，雖蛛絲馬跡，一草一木之變化，亦必審慎研判，而後乃可適切掌握戰機，以求不敗，證諸戰例。

1. 36 年，85A 到達隴海路蘭封附近之野雞崗，判斷當面匪情似有夜襲可能，入夜立即變更部署，並臨時搶築工事，當夜匪果大舉來犯，以事先警覺，乃能予匪重創。
2. 38 年 12 月，西南會戰 18CA 李振及 30A 軍長魯崇義兩次洩露機密，致國軍處處受制於匪。李、魯兩逆早蓄叛意，一再洩露機密，而我不察，損失奇重，於會戰後始行證知，足徵我之警覺甚差。

二、防範－戒備

　　曾胡治兵語錄：「軍旅之事謹慎為先，……兵機至活，非隨時謹密不能防人，矧可粗心而大意」，故隨時應有備而無患。孫子曰：「無恃其不來，恃吾有以待之」，待之者，有應變之處置

也，應變致敵，能乘敵而不為敵所乘，是制勝之要訣。戰時有週到之搜索，嚴密之警戒，即可預為防範，立於不敗之地，匪軍之優點為「奇」、「快」、「密」，如我軍疏於防範，怠於戒備，即易為敵所乘，故無論平時、戰時，前方、後方，均須嚴為戒備，尤以令節假日或天候不良時為尤然。

1. 36 年元旦嶧棗之役，張家橋整 26D 第一線部隊，因值新年疏於戒備，遭匪奇襲，倉促應戰，且馬師長不在前方，致失指揮重心而影響作戰。

2. 36 年 4 月下旬，李仙洲兵團由新泰、萊蕪向吐絲口轉進時，未先將公路兩側丘陵地區予以週密搜索警戒，佔領要點，掩護主力轉進，竟將兩軍併列，分為四個密集縱隊，在隘路中齊頭併進，致遭匪圍攻，即無法應付，陷於混亂覆滅之境，實由於防範戒備之過失。

三、機密－迅速

「一語外洩，三軍覆滅」，尤以交戰之雙方，均在竭盡諸種手段以求獲得敵方之機密，俾採取主動打擊對方，故孫子曰：「難知如陰，動如雷霆」，然唯「密」始能「速」，能「速」方可出敵不意，攻敵無備，克敵制勝。孫子曰：「兵貴神速」，作戰時爭得一分一秒，即能獲得先制，尤能予敵以精神之打擊。故今後訓練部隊，當以嚴守機密，行動迅速為第一要務。

1. 36 年 8 月，整 36D 自保安馳援榆林，自 8 月 9 日至 13 日星夜急馳，沿途並須擊退匪小部隊阻撓，13 日拂曉主力即到達榆林西端，榆林之圍遂解。平均每日行軍六十公里以上，是因迅速而能獲致之戰果也。

2. 37 年 11 月，葫蘆島撤退成功，由於行動祕密，乃能完成任

務，當撤退之際，即部隊本身亦不知其撤退之目的，迨船出港口，始由無線電示知其撤退之方向，因之十數萬之大軍與數萬噸之軍品，能在敵前安全撤退，實保密成功之效也。

五二、孫子兵法與孫吳兵法問答之研究。

　　分析先秦學派，不外魯、齊、周、商四家。魯學實乃治國之學，注重論理及治道，以人文為對象，由桓公問政，孔子曰：「軍旅之事未之學也」，即可證明。而齊學乃為建國之學——兵學，齊學始於黃帝，但因百家言黃帝，其文不雅馴，故史籍少載。一般研究齊學者多由姜尚始，齊學雖有六韜、三略、尉繚子、司馬法及孫吳兵法諸種代表作，但因真偽之辨，或偏於一局，而以孫吳兵法為比較完整之兵學。

　　齊學於先秦分名兵法、陰陽、縱橫等諸家，其後合為道家一脈，故孫武、吳起二人之思想亦多淵源於道家之哲理，因二人之兵法不僅專論軍事，更超而論及政治、經濟、教育與外交，茲分別研究於後。

一、孫子兵法之研究

　　孫子兵法為我國兵學巨著，淵博深湛，至今中西兵學權威莫不奉為圭臬，綜合之可分為戰爭、國防、統帥三方面研究之。

（一）戰爭論

1. 戰爭原理

　　始計篇云：「兵者國之大事，死生之地，存亡之道，不可不察也。」充分指示戰爭之主體為國家而非個人，戰爭勝敗關係國家之存亡與國民之生死，因係大事，故須於未戰之先力求先勝全勝，既戰之際力求必勝速勝，此先勝全勝、必勝連勝乃孫子戰爭原理之基本思想，而求全勝先勝之道，首在修明政治，「全民與上同意」，次在開源經濟，既戰尤「貴勝不貴久」，

以免「久暴師則國用不足」，再次為運用外交以勝敵，所謂「上兵伐謀，次兵伐交，……故善用兵者，屈人之兵非戰也，拔人之城而非攻也。」以外交全爭於天下，尊伐謀伐交為上兵，此其原理之概略。

2. 戰爭指導

以戰爭結局必勝為主眼，所謂「非利不動，非得不用，非危不戰」，未戰之先，尤重敵我利害之比較，所謂「主熟有道，將熟有能，天地熟得，法令熟行，士卒熟練，賞罰熟明」，及狀況判斷之力求正確，其正確判斷之獲得，全賴於知彼知己，知天知地，至指導之統帥權，雖最高權屬於政府，所謂「將受命於君」，而實際之指導權仍屬統兵之將帥，所謂「將能而君不御」，反對遙制之思想。

3. 戰略戰術

貴在因利而制權與詭道之運用，尤重視速戰速決（貴勝不貴久）、奇正配合（以正合以奇勝）、爭取主動（致人而不致於人）、避實擊虛（攻其無備出其不意），以迂為宜，以患為利，對部隊之行動特別講求迅速、猛烈、安徐、鎮定、祕密先制之道，因敵因地而制宜。

（二）國防觀

1. 不戰屈人

孫子以不戰而屈人之兵，為善之善者也。因國家間已無其他途逕可以解決問題時，乃訴諸戰事，戰端一開，則勞師動眾，消損國力，即或最後戰勝，亦必兩敗具傷，不堪疲憊。如能兵不血刃而達到戰爭之目的，使敵國屈服，是為上策，故孫子曰：「百戰百勝，非善之善者也。」又曰：「必以全

爭於天下，故兵不頓而利可全。」

2. 備戰止戰

以備戰乃能止戰，無恃其不來，恃吾有以待之。始計篇云：「夫未戰而廟算勝者得算多也，未戰而廟算不勝者得算少也，多算勝少算不勝，而況於無算乎。」平時應對假想敵國蒐集統計必要之資料，綜合判斷比較敵我之戰力，預測萬一戰事發生後之勝算如何，不勝則應尋求外交途徑避免戰端，或延遲開戰之時間，如我對日抗戰之前夕雖早具抗暴之決心，但因我軍準備未週，不能遽行作戰，乃昌言「和平未至絕望時期，絕不放棄和平」，即此義也。

3. 慎戰警戰

死者不可復甦，國亡不可復存，故對戰爭應慎審將事，所以主不可以怒而興師，將不可以慍而致戰，否則輕啟戰端，易遭民貧財竭之變。作戰篇云：「夫鈍兵挫銳，屈力殫貨，則諸侯乘其弊而起，……國之貧於師者遠輸，遠輸則民貧，近於師者貴賣，貴賣則百姓財竭，財竭則急於丘役，力屈財殫。」國家安危所繫，不可忽也。

（三）統帥學

1. 將才選拔

視將才為「民之司命，國家安危之主」，以智、信、仁、勇、嚴為選拔之標準，以正治靜幽、通權達變、進不求名、退不避罪，以民是保而利合於國，為修養之規範。

2. 部隊統御

以分數（編制）、形名（部署）為統御之制度，而令之以文（教育訓練），齊之以武（整飭軍紀），令素行著與眾相得（確立

信仰），其方法首在講求「治氣、治心、治力、治變」，次在擇人而量材器使，以「恕」激勵士氣，以「賞」鼓舞攻擊精神，進而發揮「齊勇若一」，協同動作，利用戰場形勢。所謂「投之亡地然後存，陷於死地然後生」，運用軍隊心理，所謂「圍則禦，不得己則鬥，過則從」，以獲致統御之效果。

3. 使用間諜

謀攻篇云：「知彼知己，百戰不殆」；地形篇云：「知彼知己，勝乃不殆。」是視知彼知己為戰爭之要素，亦戰爭之先務。孫子以專篇論間，視為「人君之寶」，足徵其重視之程度，蓋戰爭之事「計」與「間」，非有「間」則不能定「計」，「計」始於戰爭之先或戰爭之中，「間」亦有用於戰爭之先或戰爭之中，兩者常不可分。故「三軍之事，親莫親於間，賞莫厚於間，事莫密於間」，非聖賢不用間，非仁義不能使間，非微妙不能間之「實」，孫子諜報之理論實極其系統與卓見。

二、吳子兵法之研究

吳子兵法分圖國、料敵、治兵、論將、應變、勵士等六篇，茲綜述於下。

（一）戰爭觀念

圖國篇云：「天下戰國五勝者禍，四勝者弊，三勝者伯，二勝者王，一勝者帝」，此與孫子「縱不在籍，糧不三載」之論相通，其意在「速戰速決」與「全乎於天下」。所不同者，孫子用「上兵伐謀」以全爭，吳子則以「在德不在險」以求勝，其對戰之準備尤其意於政治與軍事之兼籌並顧，與文武備之化而為一，

其戰爭之發動出於「正」，所謂「尚禮義明教訓」，非如孫子之一切馳騁於戰爭，發而為奪謀逞詐之術，純用機智者可比。其和國、和軍、和陣、和戰，與「必然教百姓而親萬民」之立論，尤深得儒家論兵之微言大義，此種王道內涵與「總體戰」之戰爭觀念，在反共抗俄戰爭中吾人極宜發揮之。

（二）選將標準

吳子對將帥之選拔要求甚高，但一般重在能洞察四機（氣機、地機、事機、力機），換言之對部隊節制、地形判斷、間諜運用與裝備訓練等均能瞭然而明確區處，乃可為將，此外並要求其「威、德、仁、勇必足以率下安眾，怖敵決疑，施令而下不犯，所在寇不敢敵」，其重視將材者如此。

（三）指揮道德

論將篇云：「夫總文武者，軍之將也，兼剛柔者，兵之事也，凡人論將常觀於勇，勇之於將，乃數分之爾，夫勇者必輕合，輕合而不知利，未可也，故將之所謹者五：一曰理、二曰備、三曰果、四曰戒、五曰約。」其意即認為良將應精通文學武術，勇敢而仁慈，不應情況不明或毫無準備，輕率應戰，或視部曲如敝屣，任意投擲戰場，為指揮官者應深體斯言。

（四）作戰指導

吳子對作戰指導於各種地形及時機，均有其具體之方略，然最要者則在「料敵」與趨其「危」而擊其「虛」。所謂用兵必須審敵虛實而趨其危，敵人遠來新至，行列未定可擊，既食未設備可擊，奔走可擊，未得地利可擊，失時不從可擊，涉長道後行未

息可擊，涉水半渡可擊，險道狹路可擊，旌旗亂動可擊，陣數移動可擊，將離士卒可擊，心怖可擊，其乘虛踏隙之卓見頗堪作以寡擊眾戰法之準繩。而戰場指導尤戒猶豫，所謂「三軍之災生於狐疑」，其激發勇氣之法，每賴「刑名」，而強調其作用，所謂「鼙鼓金鐸所以威耳，旌旗麾幟所以威目，禁令刑罰所以威心，耳感於聲不可不清，目威於色不可不明，心威於刑不可不嚴，三者不立，雖有其國必敗於敵」。今之號令、軍律意即效此。

三、孫吳兵略問答之研究

　　孫吳兵略問答一書，為孫子答吳王關於兵法中九地等如何作戰，其主眼乃重在用「奇」用「謀」，指出戰鬥行動與具體方法，為多用「伏兵」。回憶大陸戡亂時期，共匪常以伏兵奇襲獲勝，故吾人對此兵略所指之用「伏」用「奇」，應深加體會，並提高警覺。兵略之要點歸納之如下：

1. 散地－散地則無戰，及散地吾將一其志。
2. 輕地－輕地則無止，及輕地吾將使之屬。
3. 爭地－爭地則無攻，及爭地吾將趨其後。
4. 交地－交地則無絕，及交地吾將謹其守。
5. 衢地－衢地則合交，及衢地吾將固其結。
6. 重地－重地則掠，及重地吾將繼其食。
7. 圮地－圮地則行，及圮地吾將進其途。
8. 圍地－圍地則謀，及圍地吾將塞其闕。
9. 死地－死地則戰，及死地吾將示之以不活。

第二類　心理作戰有關者

一、敵我之弱點與恐怖心理之研究。

甲、敵之弱點

（1）共匪政權係建立在共產主義極權與唯物哲學論據上，無國家民族之思想與倫理道德之觀念。

（2）匪無限制使用人力、物力，造成死亡、饑荒，民眾被迫困苦不堪。

（3）共匪內部人事派系紛歧，明爭暗鬥，必演成崩潰之局面。

（4）匪下級幹部學識淺陋。

（5）匪兵源是被迫參軍之民兵，且多利用被俘人員。

（6）匪軍事補給依靠蘇俄，不能獨立自給。

乙、我之弱點

（1）抗戰勝利後，我軍將領多享樂，信仰不堅，而且眩於北伐與抗戰之成功，對匪盲目輕視，諱言匪之優點。

（2）35 年整編，準備不周，設計不完整，法制不齊備，前線將領多怨言，怕整編。

（3）自北伐以來兵制不確定，官制亦紊亂，官不能新陳代謝，兵更無補充，強徵入伍者老死軍中，演成逃亡流毒迄今。

（4）37 年再下動員令，事前毫無準備，下動員令後毫無行動，反暴露政府外強中乾之弱點。

（5）軍官教育不一致，舊制教育不合時宜，軍官自養成教育以後數十年不再教育，缺乏新智識與研究精神，無特長，不能產生必勝之信念。

（6）我軍運動遲緩，友軍不協同，兵力分散，情報不靈，補給欠週。

（7）我軍通信缺乏保密。

丙、恐怖心理

（1）大陸剿匪末期，由於一般對共匪認識不夠，致發生對匪恐怖心理。

（2）過去我軍中多禁止研究匪軍狀況，不知匪軍何以厲害，因之對匪恐怖心理有增無已。

（3）恐怖心理出於貪生怕死，貪生由於沉於聲色之好。

（4）恐怖心理由於患得患失。

（5）匪使用恐怖心理，使我方情報工作人員裹足不前。

（6）恐怖心理常發生「幻覺」、「怯懦」、「悲觀」、「自卑」、「畏難」。

丁、建議事項

（1）成立加強心理作戰機構，確定方針，決定政策，統一指導，研究技術與方法，展開對匪心理作戰。

（2）心理作戰目標，在運用「統戰」、「分化」、「策反」、「離間」、「腐化」、「中傷」、「誣蔑」、「誘惑」、「威脅」、「偽造」等手段，通過文字和言行等方式在心理方面，破壞敵人。

（3）消滅恐怖心理之方法：

A. 堅定效忠國家、主義、領袖的意志。

B. 重整國軍精神，以明確之口號，統一全體思想行動，做到「一切為前線」「光榮在前線」。

C. 熟練戰鬥技能，加強三信心。

D. 加強政治教育。

　　　　E. 建立實踐與克難心理。

　　　　F. 改良社會風氣，均衡待遇。

（4）擴大對匪恐怖心理辦法：

　　　　A. 不斷突擊沿海各小島。

　　　　B. 勸導匪幫自覺份子來歸。

　　　　C. 擴大對匪暴行之宣傳。

二、對殘忍好殺性即毀滅人性與唯物哲學的弱點之對策與利用。

1. 唯物哲學之弱點

A. 以物質為社會進化中心，經濟結構決定社會意識形態，不承認人類精神作用，變人類為物質，變人性為獸性。

B. 認為社會進化係由於階級鬥爭之結果，以社會之病理現象為社會生理現象。

C. 認為事物變動之過程為根據否定之否定法則，因此須有不斷鬥爭。

　　根據以上理論，共產黨在社會上造出階級，使之互相到鬥爭，互相仇視，摧毀社會制度，破壞道德倫常，殘暴好殺，違背人性。

2. 對策與利用

A. 宣揚真理，說明社會進化的重心是民生，應發揮人性。

B. 說明社會進化係由於人類之互助合作，並非由於鬥爭。

C. 說明事物動變過程乃依據生生不息規律，非由於否定之否定。

D. 宣傳共匪之殘忍好殺，爭取世界愛好和平人士之合作反共。

E. 宏揚三民主義理論之切合國情及正確性，以證明共產主義之不適於中國社會。

F. 發揚民主政治，攻破共匪極權暴政。

G. 恢復舊道德，維繫五千年古國之傳統精神。

H. 提倡倫理教育，揭發共匪毀滅人性之陰謀。

I. 加強心理戰，擴大共匪內部鬥爭之事實。

J. 以宣傳感化教育，使無知被脅迫之盲目群眾恢復人性。

三、神祕性研究與運用。

神祕性運用原則

1. 機密、迅速、善變－政略、戰略的策劃部署和軍隊的企圖與行動，均應力求祕密，並隨著情況的不同而迅速轉變，如外交上各種宣傳攻勢，叫囂緘默，無的放矢，故意反對，佯稱附和，在軍事上突擊、夜襲、偽裝、掩蔽、暴露、展開、集中等運用是也。

2. 任何策略應以明暗、正反、表裡二面之靈活運用，盱衡環境發佈並製造有利於我不利的敵之假情報、假情況，俾掀起或抑制某種群眾運動，造成對我絕對有利之態勢。

3. 利用心理作用製造外圍或轉變外圍影響－利用青年愛好新奇神祕之心理及追求慾，採用祕密活動的方式吸引青年作為本黨的外圍組織，對肅奸防諜既能臻嚴密澈底之效，對青年思想亦可收因勢利導之功，進而擴展組織，推及大陸，對未來戰爭及政治運用，當俾益甚大。如已往中華復興社及三民主義青年團，即本此方法活動運用，而能收效一時。

4. 策略之實施過程應以多角形與曲線姿態進行－因為人類想進步，近代一切事物之複雜性與心理學之極度發展，如僅憑人類單純思想之反應，決難獲理想之要求，故必須使用謀略，以多角形與曲線姿態進行，始能完成艱鉅之任務，達到理想之境地。

5. 不利時爭取時間，有利時捕捉戰機－抗戰勝利後共匪藉馬歇爾來華調停之掩護和我談判，以爭取時間，以後天及時趁徐蚌會戰之銳氣，積極渡江南侵，均為其高度運用本原則之成效。

6. 故弄玄虛，變化無窮，眩惑敵方判斷，使敵不辨真偽，無法

捉摸而惶恐不安，此皆為神祕性運用之不二法門。此點尤須與情報工作密切配合，才能高度發揮其效能。

四、情緒、悟性、勇氣、自信與偶然性，以及概念錯誤與不定型、不明了、不確實各種心理現象之研究。

1. 情緒

某個人受客觀環境、外界的刺激，在主觀內心上之感覺，所反映於心理上的狀態，因主觀的反映不同，而使各人產生不同之情緒，常因各個人之性格、學識、修養、環境、行為、生理狀況等而各異，故為將帥與指揮官者必須經常控制情緒、穩定情緒，尤其須常常掌握士兵情緒，使其能經常保持高度昂揚之情緒。

2. 悟性

理智與經驗的貫通，凡能由普遍概念以認識事物的性能、發展與因果，更能因此而識彼，舉一而反三者，此種「窮理盡性」人類先天稟賦的智慧，稱為悟性，此種悟性有產生於先天之稟賦者，亦可由後天蘊育而成者。

3. 勇氣

甲、總理於「軍人精神教育」訓詞論勇，謂一往無前謂之勇，臨事不避謂之勇，通用語即不怕二字，又引孔子言謂勇者不懼，故不懼即勇之特徵，但軍人之勇須為有主義、有目的、有知識之勇，在夫成仁取義，為世界上之大勇。

乙、總統在「軍人精神教育釋要」訓詞中曾說明勇的意義，簡切的說即是不怕遇任何危險，不畏葸，不規避，以全力赴之，以實心應之，必可打破危險，克服困難，達到自己任務。又謂軍人之勇為大勇，乃係有主義、有目的、有知識的勇，即

發於孟子所謂集義而生之至大至剛的浩然之氣，並由主義
產生信仰，由信仰鼓舞智仁之勇，而勇則發生於技能與明
生死。

丙、克勞塞維茲在戰爭論中謂軍人之勇分為對危險之勇與對責任
之勇，對於危險之勇又分永久與臨時兩種，永久之勇產生於
稟賦，或成於習慣，或由人輕其生命，一時之勇則生於名譽
心、愛國心或由其他種種感奮所激發者，但恆態之勇，以堅
固勝感情之勇，以猛烈勝，前者生於節操，後者生於英氣，
必須兩者兼而有之。

4. 自信

產生於勇氣，由對正義的真理認識而來，經過慎密之考慮，
週到之準備，乃產生信心，故自信係由情緒、悟性、勇氣三者融
合而成，而自信之基礎則為智，故欲求自信心的堅定，必先有堅
信不移的認識，平日尤貴對主義思想有絕對了解，始能有明確的
信念、堅定的信心。

5. 偶然性

就主觀言，為一種突發的心理現象，出於意料之外的行為表
現，對於外界事物偶然的感覺，為心理現象中之機會情態，就客
觀方面言，係指外界出乎預想以外而突發之事件，此種偶然發生
之事件，係因其他未知因素而發生者。

6. 概念錯誤

由於對抽象事物的組織歸納能力的缺乏，而造成了概念的模
糊和錯誤，糾正之法除靠後天的修養，尚需加以科學的訓練。

7. 不定型

對於某項事物認識不夠，其見解居兩可之間，遇事猶豫，遲疑不決，本身既無主見，亦不敢負責，畏首畏尾，患得患失，模稜兩可，見異思遷，故唯有加強其認識，堅定其信仰，穩固其意志，使其一以貫之。

8. 不明了

乃是由於對事物不求甚解，觀察與認識不透澈，因此在戰事對敵情不明瞭，對處境不明瞭，乃造成不幸結果，故卓越之指揮，必基於明確之情報。孫子「知彼知己，百戰不殆」即此意也。

9. 不確實

為虛偽欺騙心理的表現，含混籠統，敷衍塞責，陽奉陰違的行為表現，此種心理與行為產生之原因，為傲倖與投機取巧的心理所造成，亦有因模糊心理、敷衍苟且，對情報判斷錯誤而產生者。

10. 心理現象之研究

人類心理現象極端複雜，各有不同，大抵依年齡、體格、智識、天賦、環境等而異，受先天與後天之影響而改變。以上九種則為心理現象之具體表現於行為者。

五、觀察、判斷、任務與綜核、統一及決心之 研究。

孫子云：「戰爭為國家之大事，生死存亡之道，不可不慎，不可不察。」又云：「知己知彼，百戰不殆。」以是戰爭開始之先，策定計劃，決定戰略、戰術，遂行戰鬥，須先有翔實之觀察，正確之判斷及詳密之準備，可達成任務穩操勝算。

觀察

既要普遍又要有重點，要廣泛，更要深入，立於客位，切忌主觀，洞燭機先，用以演繹歸納方法，找出一切關係因素，求得實事證明及正確之答案。例如抗戰初期，我總統以慧眼觀察敵人，洞悉敵人，以「堅持抗戰到底，最後勝利，必屬於我」，昭示國人，卒獲最後勝利。

判斷

以任務為基礎，綜合敵情、地形、我軍狀態分析研判，積極完成我任務之有利方案。例如八年抗戰，我最高統帥採持久戰略，抵抗日軍，終獲歷史上之輝煌戰果。

任務

任務之賦予，基於敵我之實際情況而定，賦予之先，不輕敵，不誇大，不自卑，不妄動，賦予任務時簡單明瞭，使無疑惑，估計本身力量，把握求勝因素，尤應顧慮部下之能力，而發揮其特點特長及獨斷活動之餘地。例如抗戰後期，我遠征軍在緬甸、滇西各戰役，我統帥部均本上旨下達命令，指導戰爭，致每

戰必克。

綜核

綜核乃一切觀察判斷，為達成任務之總結。總統訓示「注意思維之規律，把握工作之重點，認清工作之對象」，綜理察微，新速實簡，精益求精，探討其究竟，審察其實況，以收事半功倍之效，尤須隨時綜合檢討其全般經過，及每次戰役之得失作爾後改進之依據。

統一

戰術思想之統一乃決定戰爭勝負之主因，尤以現代總體戰、全面戰之形態，地域廣闊，人員眾多，情況複雜，若不能三軍一體，萬眾一心，行動一致，雖保有強大之兵力，優良之武器難免不終遭慘敗，故指揮統一，行動協同，至為重要。

共匪在每次戰役之初，必召集重要匪首，以至匪兵，所謂「打通思想，共同瞭解」，每收配合密切行動統一之效。

決心

決心之下達，即戰爭行動之開始，決心之堅定與否，影響勝敗至大，故指揮官力求正確，當機立斷，勇敢果決，適時適切，捕捉戎機，以堅強之決心，指揮部隊，使部下有所適從，方克殺敵，致果猶豫不決，或決心常變，為將者所切戒。例如我軍自動放棄舟山與海南島，退保台灣，作為反攻大陸之基地，此乃我最高統帥決心正確之至高表現。

　　以上觀察、判斷、任務與綜核、統一、決心之關係，茲圖示如下：

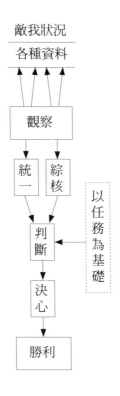

六、指揮道德與戰爭道德之重要。

一、道德在戰爭中的重要性

　　戰爭致勝的力量不外物質與精神兩個要素，而精神的昇華與結晶，則為道德。我們若從實際戰場上來看，一切物質機械條件的運用莫不賴將士之崇高道德，始能發揮其功效，故克勞塞維茲直認道德力量在戰爭中佔有無上之重要性，他並將道德力量的內容分為三點：第一是統帥的能力（將才），第二是軍隊的戰爭精神（武德），第三是表現於軍隊裡的國民精神（國魂）；魯登道夫亦說軍官之所以為人表率，並非僅以其在部隊中具有上下屬的權力關係，而乃以其知識道德能作人之模範。

二、指揮道德

　　指揮道德者乃本乎良知良能，公正無私，復合於戰術法則精神之指揮也。具此道德，始能使官兵上下一體，戮力同心，減少部隊犧牲至最低限度，達成最大戰果。

1. 過去指揮道德之缺點

　　過去剿匪我軍缺乏指揮道德之措施，屢見不鮮，舉其要者如下。

（一）保全實力

　　　　指揮官為保存自己力量，在友軍遭受敵人攻擊時不加援助，坐視敵人各個擊破。

（二）排除異己

　　　　指揮官不以所屬部隊戰力強弱與整個戰局之需要作策劃配備基礎，而以學系、派系、地域觀念為指揮運用之先

決條件，尤其是對於配屬部隊平時減其補給，戰時則賦予艱巨危險任務，結果全軍離散，終致失敗。

（三）挾嫌任使

指揮官徇情偏私，因仇隙與嫉妒而故意義犧牲他人部隊，以洩私怨。

（四）貪功諉過

慌報軍情，誇大戰果，矇上欺下，圖利爭功，其尤無道德者，每於戰爭急迫時，以電話下達命令，如失敗則諉過於下，而部屬以無書面命令作證只有忍屈受罪。

（五）虐待部隊

指揮官不明敵我情形，急圖建功，不惜虐待部隊，濫行驅策，視士兵生命如草芥，其結果非被敵人滅亡，即眾叛親離，逃亡瓦解。

（六）依賴僥倖

指揮官缺乏信心，戰鬥意志不堅，存僥倖心理，希望依賴友軍或空軍支援補給。

2. 指揮官應有之道德

軍隊以團結精神提高士氣為主，而指揮道德則為兩者之所繫，故指揮道德常決定戰爭之勝負，指揮官應有之道德如：

（一）公誠

處事唯公，待人唯誠，不論親疏，不分彼此，不存愛惡，不慮安危，不謊報邀功，不欺蔽粉飾，勝不驕，敗不亂，互信互助與士卒同甘苦，與友軍共榮辱。

（二）服從

知廉恥，辨生死，對上服從，對下愛護。

（三）嚴明

嚴紀律明，賞罰分別，賢愚量材器使，以團結軍心，明敵情，知彼己，以算定操勝。

（四）負責

指揮責任重於指揮權力，堅毅果決，氣度恢宏，進不求名，退不避罪，不獻媚於長官，不諉過於部下，抱必死之決心達成任務。

3. 指揮道德之培養

指揮官之甄選以德為主，以才為輔，有德有才者，其才可用，有才無德者，其才難使，故道德實為軍人指揮作戰之要素，惟指揮道德應於平時訓練養成，訓練養成者何，曰四維五德也，四維者，禮、義、廉、恥也，五德者，智、信、仁、勇、嚴也，四維五德備則指揮道德具，然後統兵百萬，決戰沙場，必可指揮自如，左右逢源，無往而不勝也。

4. 指揮道德與戰爭成敗之實例

（一）有指揮道德可轉危為安

35 年春，13A（本軍兩師，附 52A 之 193D、94A 之 5D）奉命進擊承德，復受命停戰，遂以原態勢停止於平泉南北之線，與匪冀熱遼軍區司令員蕭克所部九個旅對峙。蕭匪違反停戰協定，抽集五個旅於 2 月 27 日夜 9 時猛襲我停止於叢山隘路中之南縱隊 5D。11 時指揮官接該師師長李則芬電告該師各團連絡被匪切斷，戰鬥激烈進行，依照東北長官部命令規定，本可令其固守，然指揮觀察當時情勢，基於責任感，急調 4D 星夜馳援，終至解圍，從此 4D、5D 兩師成為戰場上真兄弟，感情異常融洽。

（二）無指揮道德即遭失敗

（1）日俄戰爭時俄軍司令官苦魯巴金草擬命令之原稿常以鉛筆書寫，如作戰不利，即取回祕密塗改，以卸責任，嗣後其幕僚對於苦魯巴金簽署之命令原稿均塗燭油，防其塗改，指揮道德墮落如此，俄卒至敗北。

（2）36 年 2 月 23 日，萊無之役我整 64D 與 73A 主力分四個密集總隊向吐絲口轉進，在突圍前雖曾相互約定每行十里交互掩護前進，但實際行動中各持保存實力之偏見，突圍時均私囑所部不可戀戰，並乘友軍激戰之際速行脫離，以致同歸於盡。

（3）N6A 入東北剿匪，沙嶺一役匪傷亡逾萬，遂啟軍長廖耀湘之驕橫與拔扈，到處輕視友軍，排斥友軍，以顯示其功績。嗣後 N6A 為東北戰區之機動部隊，對靉陽門之役赴援不力，25D 苦戰數日全軍覆滅，公主屯之役赴援不力，N5A 全軍覆滅，以後凡歸其指揮之部隊常為其犧牲殆盡，彼且竭力發展 N6A 之幹部，企圖掌握東北各作戰部隊，指揮道德完全破產，因此各部隊對彼多失信心。其表現具體之事實則為黑山之役，是役廖司令官統率 N1A、N6A、71A、49A、N3A 各軍及 3B／207D 圍攻黑山匪之 10CD，各軍因對指揮官無信仰，作戰不力，多以一部作戰，企圖保全實力，圍攻三日不下，最後匪援軍趕到，廖兵團指揮所被襲，全軍潰敗。

三、戰爭道德

戰爭之目的在伸張正義、保障和平，其本質為行仁，其手段則極殘忍，故在戰爭進行之際應在「仁民愛物」、「以戰止戰」

原則下建立吾人之正確戰爭道德。

1. 一般之戰爭道德

在國際戰爭中為爭取中立國不得不守國際公法，其重要者為：

（一）禁止細菌戰及毒氣戰。

（二）不轟炸不設防城市。

（三）不姦淫燒殺。

（四）優待俘虜。

（五）保護敵方非戰鬥員，或已失卻戰鬥能力者之生命。

（六）優待紅十字會及醫務機關。

（七）救傷埋屍。

2. 反共抗俄應有之戰爭道德

（一）全軍為上

運用智慧盡諸般手段加強宣傳，以瓦解敵人組織，消沉敵人戰志，爭取敵區民眾，上兵伐謀，不戰而屈人之兵，為戰爭道德之首要。

（二）殲敵第一

戰爭目的在澈底殲滅敵人，應統一意志，集中力量，在一切為勝利的原則下，以達成任務，切實糾正擊潰敵人，不求有功，但求無過之心理。

（三）要有對國家民族之大仁

戰爭慘事也，尤其共匪喜用人海戰術，若無對國家民族之大仁，其戰志易為戰場慘烈情況所動搖，而反為敵所敗。

3. 戰爭道德之培養

戰爭道德，端在平時教育中培養，使軍人研究戰爭哲學，瞭解戰爭之目的與本質，認清「大仁」與「婦人之仁」的區別，並訓練其智能，先以智取，再以力敵，如能不戰而屈人之兵，乃上策也。

4. 戰爭道德與戰爭成敗之實例

（一）具戰爭道德者必勝

明中山王徐達圍攻太湖張士誠流寇，征戰十年，蕩平匪寇，未妄殺一兵一卒，史稱儒將。

（二）無戰爭道德者必敗

二次大戰希特拉揮兵向俄，烏克蘭、高加索人曾熱切期與解放彼等之奴隸生活而歡迎德軍，俄軍投降者亦多，但德軍竟挾報復心理，任意屠殺，反引起俄人仇視，促成俄人團結抵抗，德軍終至潰敗。

四、指揮道德與戰爭道德之關係

指揮道德之影響多及於我軍本身，戰爭道德之影響則及於敵人與非戰鬥人員，但戰爭道德必須經由指揮道德以發揮，指揮官之道德修養關係戰爭成敗如斯之鉅，指揮官之選任，誠不可不慎也。

七、軍人聲色、動作、形態之重要。

一、　聲色，仁之貌；動作，行之實；形態，意之端。此三者均
　　心之發也，其影響於人之忠、奸、邪、正者，概可想見。
　　所謂「輕乎外者，必不能堅乎內」，可見軍人之要，為將
　　之道，在「治心」，泰山崩於前而色不變，麋鹿興於左而
　　目不瞬，然後可以制利害，可以待敵。

二、　在戰時軍人聲色動作形態更應密切注意，因其能立刻影響
　　於戰爭之勝敗，故軍人之聲色，須和睦端莊，動作項鎮定
　　迅確，形態須嚴肅豪邁。

三、　軍人動作要迅速、確實、機密、乾脆，形態須莊重、整潔、
　　雍容有度、無驕奢之習、凌人之氣。

四、　個人之喜怒哀樂及其舉止行動為善為惡均於聲色間表現無
　　遺，所謂「發於衷而形於外」是也。曾文正公云：「聲色
　　笑貌之拒人，無苦於不自見，苦於不自知」，這都是指明
　　軍人聲色之重要性，其修養工夫則重在誠。軍人動作應以
　　迅速、確實為唯一之要求，更要深體智、信、仁、勇、嚴
　　的至義，發揮在日常生活的每一行動上，這樣才算一個真
　　正的軍人。軍人的形態有「泰山崩於前而色不變，麋鹿興
　　於左而目不瞬」的修養，才能作到威武不屈的軍人形態。

五、　軍人之聲色要氣定神凝，自強不息，然後泰山崩於前其色
　　不變，猛虎躍於後其氣不衰，方能打仗不慌不忙，先求穩
　　當，次求變化。軍人之動作要「確實、迅速、祕密」，然後
　　能爭取主動，克敵致果。軍人之形態要莊嚴、靜穆、有仁
　　的素養，不輕浮、不浪漫，然後方能言身教，上行下效，
　　統率全倫。

六、軍人聲色動作形態雖屬外表，實際關係內心，古人說「有諸內必形諸外」，要表現可畏的威、可敬的德。

七、軍人之聲色、動作、形態嚴格的說來，便該時刻充沛著軍人武德的含蓄，「泰山崩於前而色不變」，這是軍人應有的形態，「靜如處女，動如脫兔」，這是軍人應有的動作，所以軍人的聲色極須莊重、嚴肅、不苟言笑。

八、軍人不但負有保國衛民的責任，更負有移風易俗為人民作表率的責任，故其聲色動作更要特別謹慎自檢，現在還有不少軍人居處不恭、執事不敬，而以「不拘小節」為孤高脫俗的，殊不知其有損國格，為害風化者甚大。

九、軍人是國家之代表、人民之模範，其一舉一動、一言一行均與軍隊之名譽、民心之向背、國家之體面有關。

十、一般軍人粗魯、傲慢、放肆，自以為是軍人本色。這種不長進的心理，應該改正，還有自卑感太甚，口囁嚅不言，足趑趄不前也，應該「說大人則藐之」以補救。

十一、平日對於聲色、動作、形態一方面要從內心精神去修養，一方面要從外面來規律。

十二、平日聲色、動作、形態之間，均具有潛移默化之功，上行下效，風行草偃，其影響所及，殊非淺鮮。因之軍人須有整肅之儀容，雍容之態度，豐富之熱情，深刻之理智，高尚之德性，堅強之黨性，淵博之學問，熟練之技能，誠懇之言詞，宏亮之聲音，尤須有臨大難決大疑不動聲色之修養，切不可不修邊幅，輕舉妄動，態度粗野，致貽笑大方，為人輕蔑，而傷及軍人榮譽。軍人之一生，為生於憂患，長於戰鬥，成於艱苦，終於道義，本乎至誠，行乎大公，在日常生活之中常存省察修己之功，如此則誠於中而

形於外，自然光明磊落，言詞有度，舉止中節。古有「泰山崩於前而色不變，麋鹿興於左而目不瞬」之語，以形容軍人修養之精到與舉止之莊重，又有所謂「動如脫兔，靜如處女」以描述其動靜之極致。故或聲色俱厲，壓倒群雄，或慷慨激昂，感人至深，或雍容自若，成仁取義，一視其時之所宜，不偏不倚，發而中節，而為最佳之表現。所謂時而後言，人不厭其言，樂而後笑，人不厭其笑，義而後取，人不厭其取，軍人之所以被人尊敬者在此。

十三、聲色是一個人的言語與表情，言語表情又代表一個人的氣質，所謂養氣持志，以志帥氣，此即軍人之良好氣質。一個革命軍人的行動要迅速、確實，要靜肅、機密，要達成迅速、確實，必須養成服從負責的性格，要作到靜肅、機密，必須養成守紀重禮的風度。軍人之形態必須大方、自然、和藹、莊重，大方而尚慷慨，樂觀不怕犧牲，自然不畏艱險，和藹而能親眾，莊重而得人心。

十四、詩云：「敬慎威儀」，是指出正容貌為修身之本，我們聲音笑貌、行動舉止能一歸於正，如車之有軌，馬之有馭，範之圍之，規之矩之，則內心雖欲不正，不可得也。良以發於內者，固未有不形諸外、治諸外者，亦未有不形於內者也。關於威儀之應講求，孔子亦說過「君子不失足於人，不失色於人，不失口於人，是故君子貌足畏也。色足憚也，言足信也。」且管子亦說過「言辭信，動作莊，衣冠正，則臣下肅，言辭慢，動作虧，衣冠惰，則臣下輕之。故曰衣冠不正，則賓客不肅。」

十五、儀表雖然形於外，但實根源於內在之氣質，故學不來、裝不像，而必須從確立人生觀上，以求變化氣質。

十六、軍人之聲色、動作、形態極為重要，階級愈高，對於部下
　　　之影響愈大。尤當戰局趨於危急，高級指揮官之沉著，其
　　　一言一語足以鼓舞士氣，威而不暴，泰而不驕，儀容整
　　　潔，步履端方，精神飽滿，語言大方，人望之而起敬，才
　　　不愧為革命軍人。

十七、領袖告訴我們一個軍隊素質的高低和他們戰鬥力的強
　　　弱，可以從他官兵的儀容和部隊的秩序好壞來判斷，來
　　　決定。

十八、鮮有浮燥之將而能運籌決勝，亦鮮有浮燥之兵而能於緊
　　　急時聽從指揮者。

八、寧死不作俘，重傷不叫苦，口號。

　　古語云「知恥近乎勇」。孔子曰：「勇者不懼」，故「寧死不作俘」，即為知恥，「重傷不叫苦」，則近乎勇，此為不屈不撓，視死如歸，革命軍人精神與人格之表現，亦即總理所昭示，「既為軍人，不宜畏死，畏死則不宜為軍人」，與「我死則國生，我生則國死」之謂也。

　　領袖亦以「知廉恥，辨生死，負責任，重氣節」訓示吾人，故革命軍人死且不怕，傷何足畏。舉凡不怕死者，則不苟生，不苟生尚願作俘者鮮矣。至不怕傷者，則臨陣勇，臨陣勇猶叫苦者未之聞也。然而如何能使懦夫立，頑夫廉，其道應以三民主義為根源，先烈史實為砥礪，「生為國民黨黨員」、「死為國民黨黨魂」，為三民主義而努力奮鬥，抱定不成功便成仁，寧死不作俘之決心。語云：「世有斷頭將軍，而無降將軍」，是故古之忠臣烈士，如文天祥、張睢陽、史可法、岳飛輩皆足為吾人之效法，顏杲卿罵賊不絕，舌斷而死，何等壯烈，南霽雲面中七矢，猶不稍怯，關雲長割骨療毒，談笑自若，何等英勇，以上諸人皆能臨大敵而不懼，遇危難而不屈，明恥知義，可死而節不失也。古人云：「人生自古誰無死，留取丹心照汗青」，國父說「不成功便成仁」，馬援說「以馬革裹屍而還」，曾文正說：「離此一步便無死所」，故「戰死」「陣傷」乃軍人無上之光榮，至高之氣節，而況為國犧牲。所謂求仁得仁，其精神垂諸久永，所謂死有重於泰山，死得其所，雖死不死，如張靈甫之壯烈殉職，閻海文之從容赴死，黃伯韜之碾莊與邱清泉之在青龍集之成仁。至若失節偷生被俘受辱，如張治中、邵力子等以靠匪為榮，過去大陸上之將領不以被俘為恥，而猶靦顏事賊，真廉恥喪盡，遺臭千古，

故雖生亦等於死也。

茲欲扭轉頹風，報仇雪恥，除加強主義訓練，確立中心思想，嚴密組織而外，必須在教育上求解決。如知識之陶鎔，生活之素養，意志之鍛鍊，尤其要者精神教育之澈底實施，諸如政治教育之加強氣節與榮譽感之提高，軍紀教育之切實執行歷代忠臣烈士民族英雄之表揚，「軍人魂」、「革命魂」與民族正氣之發揚光大，並以之為官兵之準範，然後方可發揮道德之勇氣，收成仁取義之功效，蔚為革命之武力。故今後應：

（一）對被俘放回之官兵以不錄用為原則。

（二）對壯烈英勇模範之官兵，應訂頒褒獎辦法並宣揚其事蹟。

（三）加喊「被俘不屈，輕傷不退」之口號。

（四）運用組織制裁投降繳槍份子，激勸重傷喊叫者，咬定牙關不喊叫。

（五）性情機謹忠義之人實可重用，而性情浮滑專事奉承者決不可重用。

（六）不作俘不叫苦之將領，其部屬必多亦能如此，故選將最為重要。

（七）高級幹部應率先躬行「寧死不作俘，重傷不叫苦」。

（八）對傷殘廢疾官兵遺眷應皆予有所養。

（九）要有日本武士道之精神與歐洲十字軍之勇敢。

今日我革命軍人負有反共抗俄復國建國之重大責任，必須效法先烈，效忠總統，信仰主義，忠黨愛國，抱「不成功便成仁」之決心，以「寧死不作俘，重傷不叫苦」之革命精神，為實現三民主義而奮鬥，消滅奸匪，光復失地為己任，願我人人共勉之。

九、綜核名實，踐履篤實，戒除虛浮。

　　總理、總統鑒於社會風氣敗壞，人心泄沓，乃先後創「知難行易」與「力行哲學」，作為扭轉頹風，改造社會之張本，其主旨在由行以求知，由知而必須力行實踐，易言之，知是行的主意，行是知的功夫，知為行之始，行為知之成。王陽明「知之真切篤實處便是行，行之明覺精察處便是知」，此種真切篤實的工夫，亦即是「綜核名實，踐覆篤實，戒除虛浮」之旨意。

　　大陸失敗後，總統對失敗原因曾嚴加檢討，認為缺乏綜核名實，踐履篤實的精神，實為重要因素之一，因而不斷提出「綜核名實，踐履篤實，戒除虛浮」，以勸勉同志。所謂「綜核名實」即是循名責實，嚴密考查之意。所謂「踐履篤實」即是事無大小都必須講求實在之意。所謂「戒除虛浮」即是將一切不切實際的虛偽輕浮的壞習慣改去之意。過去曾文正公以書生練團起兵，十餘年間即戡平大亂，其所最得力者即為以「綜核名實，踐履篤實」二語，率先為天下倡，故有「唯誠可以破天下之偽，唯實可以破天下虛」，君子之道莫大於以忠誠為天下倡，以及「破天下之至巧者以拙，馭天下之至紛者以靜」、「天地之所以不息，國之所以立，聖賢之德業所以可大可久，皆誠為之也，故曰誠者，物之始終，不誠無物」諸名語。至若用人方面，如一時找不他們理想之人，只要有「樸勇之士」即可重用，因此等人不虛驕，不誇大，能篤實不輕浮，亦不含混籠統，故常能成其事功。勾踐治吳，亦在能篤實踐履其教訓生聚雪恥復仇之志。

　　反觀我在大陸撤退之際，軍事上失敗之最大原因約有三端：
一、部隊長吃空缺謊報兵額，以致不易判定我軍實力。
二、謊報戰果諉過邀功，以致對敵人估計錯誤。

三、命令不能澈底執行，以致不明我軍行動。

有以上三種不誠不實原因，遂致我軍一敗再敗，乃至不可收拾之險境。太平天國之所終不免於傾覆，在其定都分封，群安於浮靡榮樂，無復遠圖，並交其虛浮之心而自相傾軋殘殺。古事歷歷殷鑒，可以為吾人戒。

今年元旦，領袖在其發布文告中更提出「求新」、「求速」、「求實」、「求簡」四個要目，勉我們實踐力行，一切須從「新」、「速」、「實」、「簡」做起，而尤著重其中之「實」，此一「實」字與曾文正公努力倡導之「誠」字，實為一而二、二而一之詞。古往今來，未有誠而不實者，亦未有實而不誠者。大學中庸之道，一本於誠、修、齊、治平之本，全賴於實。個人好虛名，必巧詐矜飾，家庭好虛名，必鋪張揚屬，國家好虛名，必好大喜功，奢侈浮誇。故身敗家亡國滅之根本原因即在一「虛」字。故領袖特別強調此一「實」字，以破其「虛」，蓋反共抗俄戰爭實即以實破虛之正義戰，以誠攻偽之公理戰，只要我們能把握實與誠之環節，遵奉領袖「求新」、「求速」、「求實」、「求簡」的訓示，力矯過去「散漫零亂」、「含混籠統」、「舍本逐末」、「粗枝大葉」、「拖延推諉」和「陽奉陰違」的缺失，認識今天的革命環境已臨到了最後關頭，不容許我們再像在大陸上有說大話裝腔頭的餘地。只要我們大家有此決心，有此認識，無論局勢如何轉變，我們絕對能以正義克服邪暴公理，戰勝強權的。因之綜核名實，踐履篤實，戒除虛浮，不獨為做人做事的要訣，而且是反共抗俄必勝的保證。蓋綜核名實是求真，踐履篤實是求實，戒除虛浮是求誠，唯有真實誠才能奠定真實的基礎，才能發揮真實的力量，獲致真實的戰果。

十、知廉恥，重考核。

（一）

1. 我國有五千年悠久光榮的歷史，其傳統精神和立國根基之一，即為廉恥二字。往哲先賢均強調其要義，孔子說：「行己有恥」，孟子說：「人不可以無恥」，管子說：「禮義廉恥，國之四維，四維不張，國乃滅亡」，顧亭林說：「士大夫不知恥，是謂國恥」、「士不先言恥，則為無本之人」，總裁更剴切地以「主義不行黨員之恥，共匪不滅軍人之羞」為訓示。唯廉恥互為表裡，能廉乃能知恥，寡廉必鮮恥，寡廉鮮恥者則無所不取，無所不為。

2. 剛正不貪，臨財不苟取，見利不忘義，遇權不巧爭，謂之廉。知羞惡，辨生死，臨難不苟免，冒險犯難，勇於改過，奮發上進，謂之知恥。總裁簡明扼要的釋示，是「廉是清清白白的辨別，恥是切切實實的覺悟」，「所謂知廉恥，就是我們職責有虧，任務未成，自己知道恥辱能夠自反，自強補過圖功」。

3. 國父說：「軍人之為國效死，重於泰山，我死則國生，我生則國死，死生之間在於自擇。」孟子說：「人之所以異於禽獸者幾希。」所謂「自擇」、「幾希」即以能否知廉恥為別。我革命軍人之所以為革命軍人者，就是能知廉恥，知廉恥則能有血性，明生死，尚氣節，懂得生而辱不如死而榮的大道理。死且不怕，任何犧牲將無所惜，尚何敵之不可克，命令之不可服從。故知廉恥實為我革命軍人大無畏精神表現之主要因素，亦即我革命軍人發揮革命精神，戰無不勝攻無不克之原動力。

4. 不知廉恥的人平時必不能將士兵訓練好，戰時必不能勇敢殺敵，終必貪生怕死，臨陣投降，賣國「靠攏」。總裁說：「如同過去的軍人，上官傷亡而不知護衛，友軍垂危而不知赴援，國家危急而無捐軀盡職之決心，人民陷溺而無悲憫赴義之勇氣，臨難而倖求苟免，見危而不知受命，以及被俘而被匪釋放生還，靦顏人世，這種氣節掃地廉恥蕩然的『降將軍』，不知其活在世上究竟有什麼意義」，「今日惟有以氣節自勵，以廉恥互勉，以救國為目的，以犧牲為志事，志之所向，義無反顧，方能有濟於事」。

5. 知非徒為認識之知，且為行動之知。孟子說：「羞惡之心，人皆有之」。所謂羞惡之心即廉恥之心，故首應培植每一個人固有的廉恥心。節儉可以養廉，明禮可以知恥，明恥可以教戰，自應注意官兵之生活教育與精神教育，務使生活條件與戰鬥條件一致，並於日常生活行動中磨練之，實踐力行，勉求合於此一道德標準，使知道生的意義、死的價值，再從言行上去觀察，事實上去體驗，然後才能斷定其在最後關頭是否為知廉恥的人。

6. 廉恥乃立人之大節，修身之大本，知廉恥的人才能有所不為，而後可以有所為，才能有奮於義戰之勇，才能有「頭可斷，骨可碎，此志不可奪」，「漢賊不兩立」，敵我不並存的決心，才能有「富貴不能淫，貧賤不能移，威武不能屈」的氣節和精神。總裁說：「義當生則生，義當死則死，眼前只見一義，不見死生在，只此義辦得清，認得真，有何生死之可言。」孔子說：「知恥近乎勇。」國父說：「不成功便成仁。」故歷來忠臣義士臨白刃蹈湯火而不折不撓者，皆由知廉恥使然。充其極致便可以達到總裁所訓示的「禮義廉

恥，國之四維，四維既張，國乃復興」，以及禮記上所說的「物恥足以振之，國恥足以興之」的效果。

（二）

1. 考核分兩方面，一為對人的考核，一為對事的考核。對人的考核是在清除壞人，使好人出頭，不但要使朝無倖進之徒，而且要使野無遺才和抑鬱之士，發現人才，選拔真才，知人善任，因才器使，適才適任，人盡其才，更要進而使壞人變好人。對事的考核是在綜覈名實，對計劃命令之執行加以考核，俾知道執行的程度，工作的效率和效果是否名實相符，或有名無實，且以事的考核而知其人，因人的考核而任之以事，使人人更努力，使團體更團結，使每一個官兵均成為革命軍人，使革命工作有突飛猛進的展佈，貫澈到底。

2. 考核可以分出真正的優劣功過，一面從優良的效果中進而精益求精，日新又新；一面從未得優良效果的原因中對於執行過程有無困難，或執行與計劃有無不符，根據考核所得加以檢討改進，發現優的即予以機會使其發揮所長，發現缺點的即予以教育誘導激勸，改正勉於向善趨義，不敢自懈自棄，截長補短，因才器使，獎勵與懲罰兼施，考核與訓練並行，可使人人為善，團體更臻健全。

3. 考核應以直接為主，間接考核為輔，必須是平時的、經常的、公平的、客觀的、審慎的、深刻的、多方面的、有計劃的，始能獲得真情。而考人方面尤應以德為主，以才為輔，始能拔取真才。下列各種考核方法足使忠奸、邪正、善惡、優劣自見，莫可隱蔽。

（一）視其所以，觀其所由，察其所安（孔子）。

（二）問之以是非而觀其志，窮之以解辨而觀其變，咨之以
　　　利而觀其廉，告之以禍福而觀其勇，醉之以酒而觀其
　　　性，臨之以智謀而觀其識，期之以事而觀其信（諸葛
　　　武侯）。

（三）用人之才而不察其心，則其才止足以自利其身，故首
　　　以查其往蹟，次則考其素行，故居視其所親，富視其
　　　所與，達視其所舉，窮視其所不為，貧視其所不取
　　　（王陽明）。

（四）對國家是否忠，對革命是否誠，對父母是否孝，對朋
　　　友是否信，對民眾是否仁，對袍澤是否愛，見利是否
　　　忘義，臨難是否苟免，賦予任務是否完成，遭遇困難
　　　能否克服，臨財以觀其廉，近色以觀其貞，使險以觀
　　　其勇，從生活中考查其品德，從工作中考查其責任心
　　　與能力，要日常從各種不同的角度場合多問多聽多看
　　　多記，上下密切聯繫，作精密的觀察，詳細的紀錄。

4. 對人的考核，事前考核重於事後考核，並應注意其思想行為
　品德，藉以瞭解其思想之傾向與意志之堅定程度，並激發其
　廉恥心，使知道什麼是廉恥，什麼是榮辱，以促其自覺的主
　動的求進步，辨順逆，明生死，重氣節，若待時窮勢危再見
　氣節，那就無濟於事了。

5. 考核及任用幹部之道以才德並茂為上，德勝於才者為中，才
　勝於德者為下，有德無才者其德可用，有才無德者其才難
　用。司馬光說：「德餘於才者謂之君子，才餘於德者謂之小
　人」，與其重才不如重德，才德不稱則寧取德餘於才者。王
　陽明說：「用人不專取其才而先信其心，其心可信，其才自
　為我用也」。

考核中下級幹部，平時應注重其操守、工作、勤勞、體格等項，戰時應注重其能否達成特定任務，有無特殊功勳。

考核高級幹部應注重其品德、才識、勤勞三者。德包括先天的性情和後天的學養，才包括一切治事的能力和學識，勞包括過去服務的勞績，勞績多則經驗豐富。

6. 負考核責任的人不是給考核者一種利器，應具有高尚的品德和鑑空衡平的修養，不可「以耳代目」，不可「先入為主」，不可以一點判定全面，不可就局部武斷全般，不可以一言愜懷為能，不可以一事違忤為咎，必須考核的觀點方法標準一致，必須有公怒無私怨，不可稍存恩怨好惡情感，不可以辭盡人，不可以意選士。尤須注意被考核的人，呐呐寡言者未必愚，喋喋利口者未必智，鄙樸忤逆者未必悖，承順愜可者未必忠，所舉必試之以事，所言必考之以成，若違此原則，則將流於固蔽，喪失真像，勢不能得其平，狡黠之輩必能投機取巧，真真實實的忠貞工作幹部反而不得出頭。

十一、激厲奮迅，決破網羅，焚燒荊棘，蕩夷污澤。

一、從軍事言

1.作戰

（一）激厲奮迅，決破網羅者

　　意為攻敵弱點，力求貫穿，速戰速決，突破圍困。昔韓信背水而戰，不但突破敵人網羅，並使敵人潰敗。

（二）焚燒荊棘，蕩夷污澤者

　　意為清除作戰障礙，使敵人無從埋伏隱蔽，否則應迅速脫離，以免覆滅。昔于禁處軍卑下，為關羽所淹，乃忽略此作戰原則所致也。

2.政工

（一）一般業務

　　激厲奮迅－提高士氣。

　　決破網羅－保密防諜。

　　焚燒荊棘－克難實踐。

　　蕩夷污澤－誓滅敵人。

（二）心理作戰

　　兵法曰：「攻心為上，攻城次之」，攻心之法首在先制，使敵隨我之意志與行動，復以靈巧之宣傳，乘隙蹈瑕，瓦解敵之意志，然後再以萬鈞之勢，掃穴犁庭，則摧枯拉朽，蕩平污澤，有如反掌。至於心理作戰策略可分為：

（1）總的策略

　　以真理對偽善，以光明對黑暗，以和平對鬥爭，方法和技

術，都要高匪一著，取匪之長，捨匪之短，造成匪方恐佈心理，以至失敗投降心理。

（2）個別策略

　　（甲）閃電策略，宣傳時速超過敵人，發揮先入為主的效果；

　　（乙）累進策略，尋敵空隙，乘隙鍥入，窮追不捨，縱橫滲透，擴大分裂；

　　（丙）誘導策略，針對匪方不同情況，作不同有效的運用，或以利誘，或以色誘，或以名誘，使其內部腐化分裂，減低作戰力量。

二、從革命事業言

領袖說「在這國家危急存亡時期，不用革命手段，沒有革命精神，就不能克服困難，完成救國建國使命」。激厲奮迅，決破網羅，焚燒荊棘，蕩夷污澤者，即革命精神也。

1. 革命精神之表現

　（一）毅力：堅強信心與毅力，不怕難，不畏縮，不灰心。

　（二）膽識：要有大刀闊斧，開天闢地精神。

　（三）勇氣：勇往直前，不遷就，不妥協。

　（四）決心：抱必死決心，除惡務盡。

2. 革命精神之培養

　（一）持志養氣，奮鬥不屈。

　（二）改造教育，變化氣質。

　（三）實踐克難，磨練砥礪。

三、從社會改造言

欲恢宏民族固有文化，發揚科學與民主精神，必須激厲奮迅，先決破羈絆自己手腳的網羅荊棘，蕩夷心中污澤，始克有濟。

四、從個人修養言

古人說破山中之賊易，破心中之賊難。凡人最怕心地不光明，如果自己心中先有網羅荊棘污澤，天地雖大亦無所容身。蓋心地光明，則必輕名利辨生死，氣蓋山河頂天立地，做一個堂堂好男兒。故吾人心中如有網羅荊棘污澤，必須以激厲奮迅精神決破蕩夷也。

十二、要決裂破陷阱，窺測破網羅。

一、從政略言

敵人常在政略上運用各種手法，以淆亂聽聞，使真偽莫辨，虛實不清，其所設陷阱與網羅巧妙神祕。

1. 實例
（一）1948 年，俄帝下令封鎖柏林吸引西界注意力於西歐，同時莫斯科策動共匪武裝叛亂，向長江流域進攻。
（二）戡亂期間共匪與吾人之和談以及現在敵人所發動的和平攻勢均為陷阱，共匪所倡之「土地改革論」及提出「反饑餓」、「反迫害」口號均係欺騙民眾及民主國家人士之網羅。

2. 窺測方法
多算熟審，防患未然。

3. 決裂方法
（一）加強宣傳及心理作戰，暴露其虛偽，揭發其陰謀。
（二）不迷惑，不妥協，抱著一方針奮鬥到底。

二、從戰術言

匪常以主力部隊置於有利地形，佈成陷阱態勢，封鎖情報，然後以少數兵力誘我深入，封鎖阱口，集中兵力、火力，實行奇襲、急襲，將我軍包圍殲滅。

1. 實例

　　35年8月24日，我整3D解考城之圍。9月3日攻佔大黃集。翌日遭匪四個縱隊兵力向該師正面猛攻，該師以孤軍深入，不得已於9月6日向大李砦轉進，又遇匪包圍襲擊，墮其陷阱。

2. 窺測方法

（一）運用搜索幕測其虛實。

（二）爭取匪區軍民，收買奸匪，策反以明敵情。

（三）運用情報組織，搜集情報，以明瞭敵人的企圖與目標。

（四）利用空軍偵察搜索。

3. 突破方法

（一）穩紮穩打作有計劃之佈署，切忌盲動。

（二）集中主力選擇匪軍弱點，猛烈衝擊，裂其陣勢，突破包圍。

（三）空軍密切配合地面部隊，導主力作戰有利。

三、突破陷阱，窺測網羅應具備之條件

1. 窺測

（一）敏銳的眼光。

（二）細密的思慮。

（三）高度的智慧。

（四）超人的謀略。

2. 突破

（一）果敢的精神。

（二）堅強的毅力。

（三）必死的決心。

（四）神速的行動。

四、突破陷阱網羅應具備之精神

1. 發揮同舟共濟的精神

　　孫子曰：「不得已則鬥」，既墮陷阱羅網，如能發揮同舟共濟精神，悉力以赴，常能轉敗為勝，轉危為安。如漢李廣為匈奴圍而能全師還返是也。

2. 發揮同仇敵愾精神

　　戰國時，燕遣樂毅破齊，下齊七十餘城，兵圍齊莒，其時燕之網羅密矣，齊墮陷阱深矣，然田單出，首則決以死守，窺燕王之疑，繼而離間樂毅，燕受其愚使騎劫代樂毅，單復窺騎劫可愚而愚之，謠佈謂，齊人最畏劓鼻掘墳，將軍若為之，則莒人懼不戰而降，劫果受愚，捕莒樵採者盡割其鼻，莒郊之墳墓盡掘而暴其骨，於是齊人奔走呼號，痛心疾首，無不惡燕人之暴，欲噬之而後甘心，單知是時矣，以敢死隊馭火牛破騎劫車，復齊領土。

3. 發揮死裡求生的精神

　　孫子曰：「死地則戰」，指揮官有時運用卓越智慧，故使全軍陷入絕境，然後激勵所部，抱必死決心奮力作戰，亦常能致勝。如項羽之破斧沉舟，韓信之背水作戰是也。

十三、正欲說，教住即住得，正欲怒，教住即住得，如此即好。說話覺得不是便不說，做事覺得不是便不做，亦是存心之法（慈湖先訓）。

　　「慈湖先訓」為宋儒楊慈湖先生（簡）記載其先人之訓語，是「慈湖遺書」中的一部分。

　　楊氏此語是哲學上的一個修養問題，即所謂「動心忍性，增益其所不能」。證諸總統「研幾於心意初動之時」之訓，實無二致，也就是古人存心養性之道，與孔子「存心所欲不逾矩」和中庸「發而皆中節」的理解相同。總統沿引楊氏之言，作為吾人治心持身的準則，正與「居處恭，執事敬，與人忠，便是存心之法」的意義先後貫通。總統更以「靜敬澹一」、「沉潤澹渾」八字做他自己治心的規範，這是總統以慈湖先訓的存心之法，作進一步的溶匯與發揚。

　　人者心之器，一個人的思想行為都以心為主宰，故必須存養省察，使此心湛然、虛明，不為物慾所蔽，不為情感所蒙，否則便難免失於貪愚迷妄，放僻滛邪。孔子之七十從心所欲不逾矩，實為治心養性的最上乘工夫。人當發言行事，將然未然之際，必先省察思慮能否中節，能否逾矩。教住即住，即所謂克制，而克制工夫必須能見理至精，能見理乃能發覺是非之所杜，不是即不說，不是即不做，此乃心理權衡量度操持自如，一念之間，化災戾為祥和，措失敗為勝利。古人所謂「不遂過」、「求中節」，即治心正心之學也。

　　我們革命軍人身負復國建國之大責重任，更應拳拳服膺，戒慎恐懼，克己復禮，定靜安慮，明是非，辨利害，確切體認，存

心耐性，保持心性的正常，做到省察克制，寓理帥氣的工夫，才能變化氣質，堅定信心，力行實踐，以適應戰場瞬息之變化，達成反共抗俄之神聖使命。

十四、居處恭，執事敬，與人忠，便是存心之法（晦翁語）。

「居處恭，執事敬，與人忠，便是存心之法。」為宋朱熹語錄中之語，亦即孔子答覆樊遲問仁之三句話，此三者為立身處事接物之規範也。

恭乃「溫柔敦厚」、「謙虛謹慎」之謂。孟子曰：「恭者不侮人」，古人云：「恭近禮」、「恭寡過」，故恭為自反之工夫，選擇善惡之途徑，居處恭則內而專靜純一，外而整齊嚴肅，心地光明，不愧不作，動靜言行，謙恭有禮，並非口是心非，「閒居為不善」。諺云：「暗室無欺」，子曰：「君子慎獨」。是故「非禮勿視，非禮勿聽，非禮勿言，非禮勿動」，即慎獨存誠之工夫也。亦即總統所訓示「飲食有節，起居有常，作事有恒，容止有定」之謂。

敬乃「勤勤懇懇」，「認真負責」之謂。程子謂：「上下一于敬，則天地自位，萬物自育，氣無不和，四靈畢至」，至故敬為自強之工夫，臨事而懼，好謀而成，負責守紀，擇善固執，事無鉅細，必須實踐力行，恒久不渝，以達成任務。故大禹有三過其門而不入之行，名垂千古。

忠乃「竭己所能」、「誠實不欺」之謂。孔子曰：「為人謀而不忠乎」，故盡己之謂忠，忠為恕道，故忠為自持之工夫，與人能忠則推誠相見，言而有信，若廣而言之則忠之極至，為殺身成仁，捨生取義，故諸葛有鞠躬盡瘁之行，宋瑞有從容就義之風，職是吾人對領袖應效忠，對黨國應盡忠也。

以上三者即為存心之法，古之聖賢豪傑，莫不由誠心修身做起，是以窮則獨善其身，達則兼善天下，能存天地之正氣，而與

日月爭光者，皆以存心有法。孔子之「從心所欲不逾矩」，柳下惠之坐懷不亂，曾國藩能廓清洪楊之役，收清廷中興之功，乃獲存心之術耳。

孟子謂：「君子以仁存心，以禮存心」，亦即總理所示「要在政治上革命，便先要從自己的心革起」。總統說「革命必先革心」，同時總統更具體指出孔子答樊遲問仁之語為存心之法，故「革命必先革心」，不革心即不革命，「不革命就是反革命」，總統以此革命大道理訓示吾人，吾人應拳拳服膺，篤實踐履，方能共同負起反共抗俄之第三革命任務。故今後凡我軍人能以晦翁之語銘諸座右，刻之五中，用於律己執事與對人者，則以之謀國，以之治軍，即堯、舜、周公、伊尹、文天祥、史可法、岳武穆庶可幾也。

十五、幹部藉口中央或上級無指示之推諉不負責任之習慣應澈底革除。

（一）過去缺點

1. 教育上缺乏獨斷專行之素養。
2. 習慣上缺少冒險犯難之鼓勵。
3. 制度上未定戰功第一之明文。
4. 抗戰時養成被動應付之根基。
5. 統馭上種因過於干涉下級，遂變成百凡等待，一旦脫離命令與指示。便束手無策惟有等待。
6. 幹部之「鄉愿」氣習太重，缺乏進取心。
7. 人事不上軌道或領導非人。
8. 檢討會議往往避免針對現實缺點，不敢正面批評。
9. 上級集權過度又缺週密精確之計劃與指示。
10. 賦予任務不適切，命令或過分拘束，未能做到分層負責。

（二）改進意見

1. 制度上應訂明軍人樹功戰場，殺敵致果而獲得之榮譽，應居任何榮譽之上，謂之殊榮，打破積資積勞，坐以升遷之觀念。至若因人事關係而戰功被埋沒或從未立功而不次得擢遷，則尤須革除。
2. 精神上應使之明瞭軍人乃國家之干城，民族之孝子賢孫，此一時代之反共抗俄工作，其成功失敗，歷史將評定吾人為英雄豪傑抑或亡國賤俘，打破一切均有上級負責之不負責任觀念。
3. 在不違背上級企圖的範圍中鼓舞下級之作為。

4. 澈底根絕徒重形式不切實際之風氣，軍隊以善戰能攻為主，要求宜簡單，指示宜明確。

5. 澈底檢討打破以往下級不敢批評上級之習慣。

6. 用人用真實苦幹有為之人。

7. 自中央起各種制度之整建刻不容緩，建立制度須以百年根本大計為著眼，以清理與客觀事實為中心。

十六、創造與負責，去偽存誠。

一、創造

從事革命事業必須有創造心和創造力，有創造心然後才可除去苟安的守舊心理，有創造力然後才能完成創造的目標，革命事業本身就是創造，即推翻舊的社會，建立新的體制，更應有高度的創造心與創造力，創造心必須從體察中培養，創造力則須從研究中去鍛鍊。在一般事業中有了創造心，加上不斷的研究，然後才有不斷的發明；在革命事業中亦復如此，已有的方法不能一成不變，長期使用，必須不斷研究，不斷改進，因時、因地、因人而不同，然後革命事業才有進步。我們革命的對象是共匪，而今日的共匪已不同於在江西、陝北時之共匪，其所用之叛亂方法也大異於前，我們也必須研究新的方法予以對付。因此創造在我們革命的過程中異常重要。

領袖訓示說過，「創造就是要自無而有，擴少成多」。創造的精神就是自強不息，日新又新，不斷進取的精神，因此要創造，決離不開責任感，由於重視責任，必定能從工作中求進步，進步中求創造，在不可能中求得其可能性，創造與負責決不能有一點欺騙，所以必須去偽存誠。唯有創造始能言革命，唯有創造始有冒險犯難之表現。

創造包涵兩個因素，即見識——學識與經驗，與膽量魄力。見識與膽量須從學術研究與品德修養而來，創造是主動的，不墨守成規，不拘泥法則，在不違背企圖和方針下用腦和手找出一個新的方法，捷的途徑，得出的成果是事半而功倍，才算得上創造，這種創造不襲他人，不固步自封，不求表面，不務虛名，一定實實在在的用實踐的工夫，群策群力，一德一心，才可以達成

創造的目的。

　　所謂創造並非標奇立異花樣翻新之謂，亦非僅在時間餘裕、物資充實之條件下行之，而在戰鬥迫切、物資缺乏狀況下發揮更有價值。創造能與克難、負責等精神互相配合發揮，始能有奇蹟出現。軍隊指揮係一藝術，故無論指揮官與幕僚均須熟悉戰略戰術，研究戰史與名將傳記，依據任務考慮敵情地形及其他有形無形諸要素，以決定最有利之方策發揮創造天才。

　　與創造對立的是因循敷衍，拖延推諉，只求得過且過，一切仰賴於人，故要創造就離不開勤勞，而勤勞必從同甘共苦作起，能與部屬生活一致，始可以言得眾，能得眾心，則創造力愈強。

二、負責

　　負責是盡忠的意思，對人負責即對人盡忠，對事負責即對事盡忠。凡對人不能盡忠，對事不能盡忠，而能對國家盡忠者，未之有也。在機關裡面下級應對上級負責，上級應放手由各級分層負責，以往各機關內職責不分明，以致推拖之風盛行，行政效率之低，皆由此產生，影響政治之不進步，決非淺鮮。

　　負責是積極的、自動的，首先要確立責任感，使我們的精神和思維要為責任而緊張而努力不懈，然後再需要一種大無畏的精神，不避艱危，不計困苦，見危授命，勇往直前，完成自己分內的任務，進一步為團體、為他人任勞任怨，貫澈到底，這才是負責的最高意義。

　　總理訓示：「吾人生於今日，有完成革命改造國家之責任，負此責任者全在吾人之決心，決心於何，見之在乎精神，精神者，革命之證券擔保也。」

　　所謂負責不是獨善其身而是互助合作的實踐，所謂負責主要

是在各該級應負責的職權範圍以內分層負責與主動負責，既不越權亦不侵權。

三、去偽存誠

　　古人論將極重治心，但治心則在存誠，誠的意義就是「擇善固執，貫澈始終」。領袖說：「惟有誠乃能盡己之性，盡人之性，盡物之性，一往無前，貫澈到底，惟有誠乃能創造能奮鬥，能犧牲。」一個人能誠，則心地光明，不為外物所蔽，能不為外物所蔽，則所見皆明，從而辨別是非善惡邪正，才可擇善固執，能做到擇善固執，當然不作假，不欺騙，一切以盡責為重，一個人既知負責盡職，自然一切更積極，更主動。領袖說：「我們中國的革命到如今一天不如一天，其根本原因就是一個偽字。」又說：「以後我們一定要順應時勢的要求，與革命的需要，由一種新的覺悟，作一度新的努力，趁這個成功革命的良機，來完成我們革命事業，這新的覺悟與新的努力是什麼，就是要『存誠去偽』。」總理說：「革命必先革心」，革心首先要「存誠去偽。」

　　軍事最忌爾詐我諂或自圖其安，而予人以至危或危難避害。蔡松坡說：「吾國人心斷送於偽之一途，吾國人心之偽，足以斷送國家及種族而有餘，上以偽驅下，下以偽事上，同輩以偽交，馴至習慣於偽，惟以非偽不足以自存，不得不趨於偽之一途，於是由為生疑，由疑生嫉，嫉心既起，則無數惡德與之俱生。」曾文正公說：「君子之道莫大乎以忠誠為天下倡。」又說：「馭將之道，最貴推誠，不貴權術。」去偽存誠是待人處事應取的態度，待人誠，可以化敵人（指一般意見不合互相敵對的人），為朋友化戾氣為祥和，長官對部下誠懇，更能感動部下，使其盡忠職守。語云：「精誠所至，金石為開。」

四、創造與負責，去偽存誠

革命軍人必須有創造與負責的精神，才能做驚天動地之事業，創造與負責精神之源泉在於誠，誠之反面就是偽，去偽才能存誠，能誠即可擇善固執，不以利害得失為重，而以創造負責為榮。革命事業固需要人人能創造，人人能負責，尤需要人人能去偽存誠。

現在是科學競爭時代，人民水準之高下，戰爭勝負之決定，皆被科學所操縱，是以欲使國家進化強盛，全賴科學之發達，更非訓練人民有高度創造與負責的精神，以及去偽存誠的心理不可。科學是實事求是的，非空談可以成就，非虛偽可以矇蔽。我們今後要建設新中國，要力避過去虛偽的心理、敷衍的惡習。

誠者成也，所以貫澈智仁勇之革命力行的精神，創造「智」之屬，負責「信」之事，存誠在於「仁」，去偽須有「勇」，將帥之德備於此矣。

凡創造與負責性強者必有不合法之處，讓人討厭之處，必須予以支持。偽與誠平日不易辨識，要在臨危罹險之時才能看出。

今日戰勝敵人之法為發揮創造性，即能推陳出新。今日共匪為一善於心戰者，欲擊敗敵人，對於心戰方法之研究創造，實當今之急務。心戰方法甚多，尤在運用巧妙，而主要一點乃一誠字。總理曾謂：「學問與口才，本來是宣傳的方法，如果要能感動人，究竟以什麼為最重要呢？最要緊的就是『誠』，古人說『至誠感神』。」

十七、以一當十之意義解釋。

甲、以一當十之意義

一、以一當十在軍事上實具有科學價值與藝術價值，非僅鼓舞精神之言詞而已。孫子說：「我專而敵分，我專為一，敵分為十，是以十攻其一也。」譬如敵十萬分作十處，我二萬集結一處，則可以二萬對敵一萬，取得優勢予以各個擊破。歷史上如謝玄之破符堅，周瑜之破曹兵，岳飛之破金軍，都是以一破十的戰例，其運用上均不出孫子之專分原則。

二、「兵貴精不貴多」，「烏合之眾不堪一擊」。古有明訓……所謂以一當十之意義，簡言之，即以我質之提高而凌駕於敵量之增加。

三、以一當十為革命戰法，革命戰法所以不同於一般戰法者，就是以劣勢對優勢作戰，以少數打敗多數，這並非違背戰術原則，其真理乃在敵人雖多，而力量不集中，所謂「紂有臣億萬，惟億萬心」，革命軍雖人少力弱，而能上下一體，意志統一，目標一致，故能以一當十，以少勝多。

四、以一當十之意義非指人力而言，實乃指革命之「智」與革命之「精神」而言。總理說：「聰明才力愈大的人，當盡其能力，以服千萬人之務，造千萬人之福；聰明才力略小的人，當盡其能力，而服十百人之務，造十百人之福……至於全無聰明才力的人，也應該盡一己之能力，以服一人之務，造一人之福。」故聰明才能佳者，則以一當十、當百、當千也。就革命戰術言之，則為以少勝多，以寡敵眾，以劣勢兵力推毀優勢敵人之謂也。

五、一字之意義是孟子書上所述的「天下於乎定，定於一」，也就是力量集中，意志集中無分歧，無彼此，無先後，無進退，精神完全一致，步伐完全整齊，一心一德貫澈始終的意思。十字之解釋則為分離傾軋，不統一不協調之意。如此以一破十，易如反掌，斯為以一當十之真義也。

六、以一當十首在士氣，所謂「三軍可奪帥也，匹夫不可奪其志也。」這說明士氣之可貴。總理所云「革命戰術」以少勝多，以一當十，即以氣勝。俗云：「一夫用命，萬人莫當者」是也。故平時對部下應教之以勇，養之以仁，發揮其智，則士氣足，士氣足可以一當十。

七、以一當十為精兵主義之攻勢思想，在個體方面要訓練成有思想信仰、意志堅強、技術高超之英勇戰士，使之能以一當十。在團體方面要練成萬眾一心，上下一致，打不散攻不垮之勁旅。

八、以一當十之真義應指革命工作之效果，而非僅指「人」或「物」而言。如目前國軍訓練之目的，在使六十萬人發揮六百萬人之威力即是。

九、以一當十在精神總動員以心理戰勝敵人，以精神克服物質之謂也。

乙、達成以一當十之條件

一、統馭領導方面

（一）選將務求五德俱備，五德俱備則威信立，威信立則令必易行。

（二）治事首重四大公開，四大公開則士氣旺，士氣旺則戰無不克。

（三）命令必求貫澈，是非務要分明。

（四）明察下情，嚴防中層蒙蔽隔閡，重視輿論，遏止少數舞弊弄權。

（五）實踐新速實簡，鼓勵公正嚴明作風。

二、組織權責方面

（一）組織必求配當分明，職掌務要詳細劃分。

（二）組織要依事的繁簡配員，切忌比照一律，配員要選人的學驗稱職，切忌濫竽充數。

（三）分層負責、逐級授權，釐訂職權界限，則權無濫用。

（四）事事有人做，則百廢盡舉，效率提高；人人有事做，則各展所長，彼此配合。

（五）精神上下一致，萬眾一心，依同一之目的，取齊一之行動，體格須有強健之體格，重視體育之訓練，訓練重視訓練指揮，各階層之部隊幕僚均係健全裝備，優良裝備。

三、人才運用方面

（一）為主官者，要訓練人才，運用人才，選拔人才，培養人才；為僚屬者要忠於職守，勤於職守，專於職守，精於職守。

（二）以業務磨練人才，以賞罰激勵士氣。

（三）慎於保舉，須杜絕鑽營奔競之風，細加考評，毋屈辱忠貞幹練人士。

四、思想精神方面

（一）統一思想，篤信主義。

（二）培養高尚人格，砥礪忠貞志節，

（三）堅強戰鬥意志，強化克難精神。

（四）以互助完成合作，以協調爭取成功。

五、教育訓練方面

（一）採取精兵主義，強化反攻武力。

（二）加強政治訓練，養成必勝信念。

（三）統一戰術思想，精練戰鬥技術。

六、編制裝備方面

（一）火力強，機動大，富於韌強性、彈性與獨立性。

（二）火力要長短配合，運補要緩急適機。

（三）重質不重量。

七、作戰指導方面

（一）強調攻勢，主動發揮，重點作戰。

（二）多行奇襲，利用夜戰。

（三）靈活運用情報，講求宣傳謀略。

丙、以一當十在反共抗俄戰爭中之重要性

　　在今日反攻戰爭中，因台灣地小人少，且匪我之兵力懸殊，故以一當十之心理戰非常重要。吾人亟須乘朱毛匪幫軍心渙散、民氣動搖之時，善於利用此種心理戰，以澈底消滅匪軍。

　　今日我們的反共抗俄戰爭更是我們革命過中最重要的戰爭，因此我們必須充分發揮以一當十的力量，才能以寡擊眾，以弱勝強，爭取反共抗俄戰爭的最後勝利。

　　反共抗俄戰爭為國民革命戰爭之延續，必須重整革命精神，堅強革命信念，在軍事上做到以一當十，在戰略上做到以寡擊眾，則反攻復國殲滅共匪之最後勝利，當屬於我。

十八、37 年 7 月 23 日日記，共匪對我軍之宣傳麻醉，以及兵運、民運、俘運等之巧妙技術應積極研究。

甲、研究所得

（一）宣傳麻醉為共匪心理作戰之主要武器，並以此散佈其荒謬歪曲之言論，復依偽裝欺騙、挑撥離間、慫恿非法行動、軟化精神武裝等手段，以達成其宣傳之目的，同時並以捏造事實、曲解真相、牽強附會、混淆是非等方法，以配合其歪曲宣傳。

凡我軍民每因匪宣傳技倆之巧妙，而受其欺騙，對實際情形懷疑眩惑，莫衷一是，匪即利用此矛盾心理，因勢利導，大事擴大，並製造對立，使我內部自動分裂，於是民心士氣俱受極大之影響。茲舉其事實如次。

（1）匪黨成立之初，由寄生而壯大，復竟妄圖奪取政權，嗣經我五次圍剿，幾至潰滅。迨抗戰軍興，匪乃利用全國一致對外之機會，以民族主義偽裝，假「抗日統一戰線」與「四大諾言」之名義以欺騙政府與國人，因此其表面上為服從政府從事抗戰，實際上實以此作偽宣傳而達成其進一步之叛國陰謀。迨抗戰勝利，毛匪復利用故技以「聯合政府」、「民主自由」等政治巫術為偽裝欺騙久戰望治之國人，以掩護其大事叛亂之行為。

（2）匪逃竄陝北時，高呼「中國人不打中國人」及「打回老家去」之口號，挑撥張學良叛離中央造成西安事變，藉以保留其殘餘兵力。抗戰勝利時又以「反內

戰」之口號要求美軍撤退，甚至偽裝國軍襲擊美國在華部隊，以破壞中美友善之邦交，同時在後方鼓勵工潮、學潮，以毀壞政府與民眾間篤厚之情感。

（3）共匪在魯南作戰時，每在我部隊中預先佈置內線，同時釋放曾受其奴化教育之被俘官兵，回返原部隊煽動我作戰官兵從事「集體逃亡」、「攜械投降」、「陣前起義」等非法行為。又如匪軍進入東北時，為配合其軍事攻勢，在我後方發動民眾、學生等施行所謂「三罷一慘」等暴行，以打擊我民心士氣及政府威信。

（4）抗戰勝利，共匪利用政協會議及軍事調處之機會，要求我黨撤銷軍隊黨部及學校黨部，因此國軍官兵及智識青年俱失正確之領導，無形中解除了精神武裝及革命意志與決心。又如在蘇北剿匪時，匪常用無線電擴大器在第一線散佈謠言，危言聳聽，而動搖我官兵之戰鬥意志。

（二）共匪為神化其宣傳手段，復以各種巧妙的技倆以配合實際，使其靈活運用相得益彰，收效宏大。茲綜述其運用於兵運、民運、俘運三方面之情形如次。

（1）兵運方面

（I）滲透與分化

匪每派遣其特工人員利用各種關係潛伏我軍內部，從事分化工作，其分化方法乃「劃階級」、「分派系」，製成我內部矛盾與對立，然後加以擴大與運用，以使我軍整體力量化成為個別力量，於是意志無法集中，力量不能統一，彼此猜忌排斥，互相傾軋，致為匪各個擊破而同歸於盡。

（II）打入和拉出

（甲）打入

匪對我重要軍事機構皆設置內線，並以「寧做大機關的小職員，不做小機關的大職員」，「寧在大官跟前做小事，不在小官跟前做大事」之原則，在我軍政各機關擔任收發人員、電務人員、勤務人員等，以竊取軍事情報，瞭解我軍動態、裝備、鬥志等，以遂其「挖心戰術」之陰謀。其設置方式係利用關係之介紹，或趁我徵兵招考等機會打入下層，有時竟利用假自首和詐投降等手段，至打入我方內部之後，則爭取上級的信任，調查組織編制、政治背景、思想情況、官兵生活、現有裝備訓練情形、政治教育和戰鬥意志等，並用拜把子、換帖子等方法組織灰色團體，然後逐步擴大以樹立群眾威信，並爭取群眾作為工作之工具。

（乙）拉出

匪在其自認時機成熟時，則發動其灰色組織包圍上級主管人員，施行「起義」，或將部份拖出投匪，仍留部份工作人員祕密佈置以繼續工作。

（丙）威脅與利誘

匪對我高級將領每先調查其弱點與嗜好，然後把握其弱點或利用其嗜好，以金錢、官職、女色等誘惑其上鉤子後，要挾逼迫為其

工作，或投降匪黨，如江陰之役戴戎光投匪
即其一例。

（2）在民運方面

共匪民運的理論基礎為走「群眾路線」，「一切為群
眾」，「一切通過群眾」為原則，以建立其所謂「群
眾觀點」、「群眾意見」等政治巫術，在技術上係以
階級利益為餌，組織或裹脅群眾作為階級鬥爭之工
具，使社會成為彼此仇視、互相監視的社會。如以
「土改」、「民主改革」、「三反五反」等運動，「農
民翻身」、「工人當家主」、「人民的意見」等幌子，
以掌握群眾、排除異己、孤立敵人。其對運動方法
計如下述。

（甲）必須從技術領導到思想領導，在各種血的清算
鬥爭中把已組織起來之群眾加以思想訓練，以
求其鞏固與發展。

（乙）「兩條戰線」之鬥爭既反對「左傾」亦反對
「右傾」，使被匪裹脅之民眾永無寧日而繼續
鬥爭，以純化其組織。

（丙）「民主形式」與極權實質的運用，通過偽民主
的形式達成極權獨裁之目的，以一切禍國殃
民之罪行假諸民眾身上，如此即可確實掌握
供其驅使。

（丁）利用「化非法為合法」之手段，使非法事宜可
與合法交互運用，同時強調「部份觀點」與
「全局觀點」，以配合其非法領導。

（戊）施行群眾運動，雷厲風行，強制民眾而受其

利用。

（己）先求「試點」工作之開展，以「吸取經驗」，
　　　然後由點擴展而行面之控制。

（3）在俘運方面

共匪認為「處理戰俘是另一次戰鬥的開始」，認戰俘
為一犀利之武器，故對俘運工作極為重視。其方法可
分為三階段。

（1）識別階段以分組識別、內線指認、利用心理反
　　　映偵查等普查我軍主官、武器與物質，並以寫自
　　　傳、疲勞審訊、毒打迫供、個別追查相配合。

（2）考察訓練階段，共匪在本階段所採用之手段為
　　　勞動與學習結合，坦白清洗與鬥爭，清算訴苦
　　　與再學習，立功運動與獻物質、獻思想、獻資
　　　料等三獻。

（3）運用階段

　　（甲）將受其宣傳麻醉之戰俘編入匪以擴大其
　　　　　叛亂資本；

　　（乙）以「思想頑固份子」強迫其「勞動改
　　　　　造」充當奴工；

　　（丙）將無恥官兵特加「優待」，無條件開釋
　　　　　為匪宣傳；

　　（丁）強迫我高級將領在電台廣播或陣前喊
　　　　　話，以瓦解我軍的鬥志。

乙、對策

對共匪以宣傳麻醉策動兵運、民運、俘運之對策，應針對其

方法由揭穿其陰謀而粉粹其陰謀。其方法分陳如下。

（1）注重政治訓練，揭露匪共禍國陰謀，並提高我軍民同仇敵愾之心理，以堅定其反共抗俄之意志，匪無法收到宣傳之效果。

（2）嚴密保防組織，加強調查工作，使匪諜不能滲透，無法施展其宣傳麻醉、兵運、民運、俘運之技倆。

（3）著重宣傳工作，採取以匪之矛攻匪之盾之方式，喚醒我國人以免墜入共匪之奸計，進而利用其偽宣傳施行反宣傳，以瓦解其士氣。

（4）提高民族氣節，養成我軍民一致為國效忠，始終不渝之決心，絕不變節投匪或為匪所用。

（5）健全地方自治，使民間組織嚴密，匪諜無從插足或滲透，自可制止其宣傳或擴展其組織。

（6）改善官兵生活，增進官兵感情，寓考核與殷誼之間，以使消極份子或匪諜歛跡。

十九、37 年 12 月 25 日黃維以突圍日期先電告其妻之惡例應引為炯戒。

甲、檢討

（一）沒有犧牲決心

古人金鼓則忘其身，其身且不暇顧，何有於家，一心衛國，一心衛道，只見一義，不見生死，更何眷戀於妻室之愛。今黃維於戎馬倉皇之際，竟不忘其妻，且告以突圍日期，自心理言，是其有倖生之心，而無必死之志，所謂英雄氣短，兒女情長，其不肯死不願死，固已彰彰明甚。

（二）缺乏警覺頭腦

黃兵團赴援之初，係先以 49D 進出靳縣集、奶奶廟附近以行掩護，當時適有一傳令兵為匪捕去，黃兵團於 11 月 26 日決定東進時對該失蹤傳令兵並未採取任何預防措置，其因缺乏警覺性，所患過失已大。同時突圍是死裡求生之積極行動，在此千鈞一髮之重要關頭，應如何團結部屬鼓舞士氣，乃竟不此之圖，而以最高軍事祕密先行電告在數十里外與戰局毫無關係之妻室，此種私而忘公缺乏警覺頭腦荒謬之行動，不但無異將軍事行動預告敵人而且消息洩於軍中，必致軍心動搖，無論作戰突圍，兩俱不利。

（三）忽視保密

祕匿企圖為達成任務之要項，而截收電訊更為密碼戰之主要手段，二次世界大戰因通訊洩密而招致敗亡者不勝枚舉。黃維以軍中突圍日期電告其妻，實為大陸剿匪失敗於電訊不能確實保密

之明證。黃維身為兵團司令，接受總統之訓示甚多。總統在 34
年「剿匪戰術之研究與高級將領應有之認識」訓詞中曾諄諄告誡
「我們一般將領缺乏保守祕密的習慣，可以說是我們軍隊最大的
恥辱」，又說「我們第一件要緊的事就是保守祕密」。但是黃維
不但不提高警覺，加強保密，反於危急存亡之最後關頭，將突圍
日期電告其妻，此種舉動並非不知保密之重要，而是缺乏保守祕
密之習慣。所以總統在「如何完成國民革命軍第三任務」訓詞中
曾慨然說過，「現在一般高級將領沒有養成保密習慣，這是過去
重要戰役失敗和將領被俘的最大原因」。

乙、對策

（一）加強精神教育，養成犧牲決心。

1. 加強三民主義訓練，提高黨性，使一般將領均有為黨國犧牲之
   決心。
2. 督導將領多讀經史，及有關民族英雄傳記文學，使一般將領能
   養其心志，洞達事理而審慎其所為。

（二）加強保密教育，養成保密習慣。

1. 一切有礙保密之事例，最好由主管部門編述事例，供給各級
   參考。
2. 學校教育，部隊訓練，其第一課應為軍機防護。
3. 以各種事例編成故事，繪為畫冊，以灌輸官兵保密知識，以各
   種假設發為問題，作為演習，以提高官兵警覺頭腦。

（三）妥善安置眷屬，使與作戰絕緣。

1. 部隊出發作戰後，所有眷屬一律集中安置，集中管理，並使雙

方互不知對方之地址。

2. 今後官兵結婚，必項保證不攜眷隨軍出發作戰，始可准予結婚。

3. 成立軍眷通信機構，專為官兵眷屬傳遞家書，使能集中傳遞，集中檢查。

4. 對有眷官兵應養成其公私分開，家庭與軍隊分開之習慣，使軍中之事，事無巨細，不得告知家人。

（四）嚴格執行保密法令，封鎖消息。

1. 嚴格執行軍機防護法，使三軍之士不畏敵而畏將。

2. 嚴禁官兵私人通信涉及軍事，並責成保防人員檢查。

3. 在某一階段作封鎖消息時，應嚴格禁止官兵與外間通信。

4. 機要人員在戰鬥前應有考核整肅，在戰鬥時應有祕密監督與監察人員公開監督。

（五）加強電訊管制，使機密不致外洩。

1. 嚴禁前方部隊與後方辦事處使用電訊連絡。

2. 上至最高指揮官，下至兵伕，絕對不得以電訊傳遞私人信件。

3. 所有電訊絕對使用密碼。

4. 多設偵測竊聽等監督電台，監督通訊。

5. 應責成電務人員扣發私電，檢舉私電。

6. 適當時機應使用電訊謀略。

丙、結論

黃維率軍一個兵團之眾，陷敵四面包圍之中，其責任不為不重，其處境不為不險。此時此境，惟有竭忠盡智，鎮定指揮，繼之以死，方不負國家付托之重，領袖倚畀之殷，乃竟於奉命突圍

之際電告其妻，先洩師期，雖萬死不足以蔽其辜。推其所以出此下策之由，不外有倖生之念，無必死之心，因而眷念家屬，忽視保密。大陸剿匪失敗類似黃維者正多，而黃維不過為惡例之一。際此反攻大陸前夕，面對於此種惡例，以及因此種惡例而獲得之慘痛教訓，我一般將領除應引為炯戒外，並應預籌補救之策。

二十、官兵剿匪問答

　　官兵剿匪問答，為國防部民國 37 年 8 月 28 日，奉總統令製
頒全軍，並規定為每日挨次問答與詳加講解之文件，全文凡十四
條，內容可概括後列四大項：

甲、闡明剿匪目的，揭發共匪罪惡，用以暴露共匪凶殘的真面
　　目，加強同仇敵愾的團結。

乙、將共產主義與三民主義作簡明之比較，而說明軍人之恥辱與
　　罪惡的所在，期使三軍暢曉應遵循的途徑及努力的方向。

丙、提示剿匪必成的保證與剿匪求取成功的方法，以加強剿匪戰
　　術的指導，堅定剿匪必勝的信念。

丁、說明共匪消滅後，人民纔能康樂，國家纔能富強，揭櫫共同
　　的願望，激勵奮發的精神。

　　當茲戡亂戰事日形迫切，而共匪又肆意歪曲宣傳，此項問答
的頒行，實有必要，況乎我方士兵多半來自田間，知識較低，
於政治認識亦屬膚淺，其於戡亂戰爭的真意義得能明瞭者十難
一二，故應適時予以政治知識的灌輸。惟此剿匪問答內容之於民
族意識一端，尚少提及。然而吾人之於民族意識是至為講求者，
誠有民族不獨立自由寧願死之精神，故元清之亡卒能恢復，對日
抗戰猶能獲勝，故似應增加俄帝侵華之陰謀與事實，同時應列舉
匪幫竊據大陸後出賣國家民族及其一切違反人性之行為事實，以
能更激動人心，使能洞悉當前國家與個人同時遭遇到的危機和匪
俄主義行動的荒謬，進而團結意志，集中力量，向正確的目標以
合理的方法奮勇邁進，粉碎匪俄無恥的陰謀勾結，達成戡亂復國
的任務。

　　基於上述，已知剿匪問答至為重要，惟內容涵義間有事過境

遷不合時用，茲特就目下情狀予以修訂，全文重錄如次。

一、問：我們為什麼要剿匪？

　　答：我們為了爭取自由，爭取獨立，爭取生存，實行三民主
　　　　義，所以要剿匪。

二、問：我們為哪些人剿匪？

　　答：為了解救大陸同胞，為了解救父母兄弟姊妹親戚朋友，
　　　　為了自己活命而剿匪。

三、問：共產黨是什麼東西？

　　答：共產黨是蘇俄的走狗，殘殺同胞的土匪，沒有人性野獸
　　　　也不如的東西。

四、問：共匪的頭子是誰？

　　答：就是朱德、毛澤東，牠是出賣祖國的漢奸，是汪精衛
　　　　第二。

五、問：共產主義與三民主義比較那一個好？

　　答：共產主義是不要國家民族，實行暴力專政，禍國殃民，
　　　　自然比不上救國、救民、救人類的三民主義。

六、問：共匪有那些賣國害民的罪惡？

　　答：共匪毀滅了我國抗戰的光榮，出賣了我國東北領土主權
　　　　給俄帝，毀滅了我國文化歷史，使同胞富的變窮，窮的
　　　　更窮，還強迫參軍去打韓戰，弄得家破人亡不得活命。

七、問：共匪禍國害民的手段究竟怎樣？

　　答：強迫參軍、獻金、獻糧、鬥爭、清算、暗殺、毀滅人倫，真是講不盡說不完。

八、問：共匪如不剿滅與我們有什麼害處？

　　答：共匪如不剿滅，我們的國家就變成俄帝的殖民地，我們的同胞也就變成俄帝的奴隸，生殺予奪，全由主宰，簡直會無法過活。

九、問：我們軍人最大的恥辱是什麼？

　　答：軍人最大的恥辱是打仗怕死，屈服投降。

十、問：我們軍人最大的罪惡是什麼？

　　答：軍人最大的罪惡，是被匪繳械，遺棄武器彈藥，和不愛惜公物。

十一、問：我們軍人怎樣才能反共復國？

　　答：澈底執行命令，誓死達成任務，消滅共匪，打倒俄帝，為死難的官兵同胞復仇。

十二、問：我們剿匪必成的保證是什麼？

　　答：我們剿匪必成的保證有三：

　　　　1. 有賢明領袖蔣總統的領導，

　　　　2. 有本黨領導革命五十餘年的歷史，

　　　　3. 有自由世界民主國家的支援，所以剿匪一定成功。

十三、問：我們剿匪怎樣才能成功？

　　答：要信仰三民主義，效法革命先烈的犧牲精神，實行不怕死、不貪財、愛國家、愛同胞的四大口號。

十四、問：消滅共匪以後我們有什麼好處？

　　答：共匪消滅，我們國家獨立，三民主義可以實現，生活水準可以提高，我們可以到大陸安居樂業，過太平日子。

　　上項問答，部隊中若能每日出操時由連長指導員對全體官兵挨次口授並加詳解，搜舉例證，幫助明瞭，務使牢記，平日且設獎以為演述問答內容的競賽，是這樣不僅可能增進其研讀的興趣，激勵其報仇復國之志，亦能促使同志間互助互愛的團結精誠。

【舊剿匪問答】

三、問：為什麼叫共產黨為奸匪？　七

（淺釋）因為我們自己以及家中父母妻子，都是中國人民之一份子。

敵，所以我們，是為救全國人民來剿匪，亦就是為求我們自己生存來剿匪。

答：共產黨是外國共產國際的走狗，他就是出賣祖國的漢奸，殘殺人民的土匪，所以叫他為奸匪。　八

（淺釋）共產黨不要祖國，勾結共產國際，同時不擇手段；與土匪一樣，殘殺人民；其罪惡和漢奸土匪一樣，所以叫共產黨做奸匪。

四、問：奸匪的頭子是什麼人？

答：是朱德、毛澤東，他們是外國共產國際的走狗，是漢奸賣國賊，是汪精衛第二。　九

（淺釋）領導奸匪，出賣祖國，殘殺同胞，煽動全面版亂的就是匪首毛澤東和他們的罪惡比較勾結日本，出賣祖國他們的汪精衛還要重大，所以說朱毛是真正的賣國賊，是汪精衛第二。

五、問：共產主義與三民主義比較那一個好？　一〇

答：共產主義是不要國家的，他不實行民族的，是害國害民的暴力專政，自然比不上我

們救國救民的三民主義好。

（淺釋）

一一

外：第一、共產主義是不承認自己國家為國家的，而是以外國的共產國際為其祖國的，把中國領土主權送給外國人是共產黨與民族主義的比較。國他國人在中國的第五縱隊，整個民族就要完全受外國的統制指使，使得我們中國人永遠不能獨立，也沒有自由，自國人出賣，做外國的奴隸，使得我們中

一二

然不如我們民族主義要愛護自己民族自己的自由，保障國家獨立的好。

第二、共產主義與民權主義的比較。共產主義是愉領、專制，而民權主義是保障人民得到權利的，當然不如我們的民權主義，都是中國人人平等，前行全民政治的好。凡是我們

第三、共產主義與民生主義。共產主義是共產黨把持全國的好，人，：採取人民的人民的總統生命財產是毫無保障的，當然不如我們民主主義的比較

六、問：奸匪賣國害民的罪惡是怎樣？

答：奸匪毀滅我們全國軍民抗戰的光榮歷史，斷送我們東北的領土主權，

一三

然不如我們民生主義平均地權、節制資本，不許富的太富、窮的太窮，使個個農人有田種，工人有工做，商人有生意做，學生有書讀的好。

破壞我們全國人民鐵路礦廠，製造全國人民鐵廠餓，弄得我們家家破產餓害得我們全國同胞快要餓死凍死，不得活命。

（淺釋）

一四

奸匪第一種大罪孽是毀滅了我們全國軍民八年抗戰勝利光榮的歷史，而且奸匪還要蓄意毀滅，我們中華民族五千年來優美的文化，和悠久

他的歷史，使得我們黃帝子孫忘掉了自己的祖宗，來做外國人的奴隸，受外國人的驅使，來破壞古以來的找自己的同胞，從土匪漢奸賣國，再沒有這樣窮凶極惡的流寇漢奸賣國了。

奸賊亦是到處殘殺人俗民，勾引婦女，我們傷風敗全國，不欺騙我們，不許再得尊我人民都要凍死餓死，不得尊我們生產，

第二種大罪孽，是匪

一五

受太平幸福。

奸匪第三種大罪孽，是要斷送我們東北的領土主權，使得我們國家不能統一，國際地位不能平等，我大要被人欺侮壓迫，民族遭受莫大的恥辱。

七、問：奸匪害國害民的手段究竟怎樣毒辣？

答：奸匪假借分地參軍的口號，提倡清算鬥爭的毒

一六

（淺釋）

計，高喊解放自由，寬行壓迫屠殺，真要弄到我們亡國滅種為止。

奸匪陰謀詭計最毒辣的手段有三種：

奸匪，改革匪諜，一種毒辣的手段，他們的先上了他的當號，他們來號召乞丐窮人，開始搜括他，無括精光就，拿起款項押我們家裏被他搜括，拿款項押送，更要斷。

括有地百土：搜有地百土：

一七

們全家的生命，非使得我們家破亡不止。

奸匪第二種毒辣的手段，是提倡清算鬥爭，夫妻離婚，相殘，使得我們父子種毒辣的手段，遭要仇視我們，整個民族，滅絕放我的同胞的自由，骨肉相殘，實行殘酷的暴刑，是農人人的同胞，使得匪叛解無，路，遞著陰沉沉，恐怖萬分地叫都不求死不得的生活。

一八

八、問：奸匪如不剿滅與我們有
什麼害處？

答：奸匪如不剿滅，國家的就
不得太平，我們大家的
，父母妻子，全家老少
，民都一樣在匪區裏的人，
都要被匪清算殘殺，無論貧富男女

一九

九、問：軍人最大的恥辱是什麼
？

（淺釋）奸匪有三種大眾事，又有三種最毒
辣的手段，所以害得民不聊生，理
在匪區裏的人民，大部份被奸匪的清算
不一部份逃到後方受政府的救
濟殘殺，假如奸匪不剿滅，方整個國家都
要滅亡，全國人民自然不能過活了
不得過活了。

二〇

答：軍人最大的恥辱，是被
敵人俘屈服，被編驅
來打我們的欺騙壓迫，自
己的弟兄，戰，忍心受
這樣不知廉恥的沒有氣
節，是我們最大的恥辱
。

（淺釋）愛護國家，保衛民族，是我們軍人

二一

唯一的天職，現在我們的國家被奸
匪擾亂到這步田地，我們做軍人的
應當怎樣努力奮鬥，甚至到責任
奸匪，處，我要我死們的弟兄，匪來剿滅奸
用反匪，打來至被我們實迫利的是
我們大應當軍人，如果，不來剿滅奸匪的軍
但是大精神炮身的自俘，是我們
我照密監禁的，萬一被所，匪不取我們屈義
戰，這樣的時候，無法脫己被退仁，，
，亦有機會被搶的自俘停，，亦無
還有拿槍的

二二

二三

十、問：軍人最大的罪惡是什麼？

機會，那我們就不妨暫時況太匪軍的
裏頭，等到我們國軍接近或對戰的
時候，就要乘機把匪軍死匪軍的
為革命而立功回就要乘我們國軍
血性復仇的仇逃，有裏匪軍長官的
樣死人師的我們段死匪軍的
革命志人，亦值得做好雄我們的
軍人，方能速成其報仇恥，但志來官氣，恥必有道
的目的。

二四

答：軍人最大的罪惡，是被
匪繳械與遺棄子彈，是反
們自己的弟兄，來殺害，我
們軍人最大的罪惡。（愛
所以我們官兵要時時愛
護我們的械彈，如自己生命，
萬不得已時，必須先將

二五

（淺釋）

所有械彈澈底燒毀，切
勿為匪來利用。）
武器是我們軍人的第二生命，我
們應當愛護武器和愛自己的生
命，萬不能把我們軍人的武器
送給奸匪，以免被奸匪奪去殺
害，當前。奸匪一失去武器，叛
亂破敗，燒一我殺惡之
後，自己反來對我們
自己殘殺到們。
我們國軍人的武器，
要把握生命關頭之前。奸匪
的武器，

二六

十一、問：我們國民革命軍怎樣才
能報仇雪恥？
答：澈底執行命令，誓死達
成任務，活捉朱毛，消
滅奸匪，為已死先烈，復
仇雪恥，為被俘官兵雪恥。
（淺釋）
奸匪破壞我們抗戰，
我們在抗戰時期，全國被奸
戰勝利的成果，使軍民
殺我們的父母妻子，

十二、問：我們剿匪必成的保證是
　　　　　什麼？
　　　答：我們剿匪必成的保證有

二八

奸匪；一面要齊心竭力，來活捉奸
匪頭子朱德和毛澤東，徐掉這兩個
禍國殃民的罪魁禍首！這樣，我們
國家就可以真正太平了！

凡能活捉朱德、毛澤
東的，政府懸賞金圓壹佰萬圓，無
論官兵，各賞金圓壹佰萬圓，准升三級。

二七

我漢的熱血，等於白流
的了，剿匪以來，
我們將士已有幾萬萬人。
剿匪以來，我們同胞被匪殘殺枉死；
性命都已犧牲了！該匪所到之處，
能不萬匪逃千萬了共，
的成匪已濟，同胞應目共，
由受匪難心難出千萬胞目，
且，將匪命同來胞應，
千的不安！死同胞因共，
我們一救萬民，共但一擠一致，
所已全國不同士被匪，
先來參加剿匪，死裏求生，消滅。

二九

三樣，第一是我們有偉
大的領袖—蔣總統領導着我們；
第二是我們有救國救民的
主義—孫總理領導的三民
主義；第三是我們有光榮的革命歷
史五十年來；這就是我們剿匪必

三〇

成的三大保證，所以剿
匪是沒有不成功的。

（淺釋）

從前我們孫總理領導國民革命，
推翻了滿清專制政府，建立了中華
民國；後來又打倒北洋軍閥，打倒
了日本帝國主義，挽救了中華民族，
革命軍人只要信仰主義，以信仰領
袖，信仰領袖，革命命民。

三、問：我們剿匪怎樣才能成功
？

答：要信仰三民主義，信仰
領袖；要堅持必勝的信
念；要發揚革命先烈犧
牲的精神；要實行國民

仰歷史去剿匪，一定可以消滅奸匪
，統一中國，完成我們國民革命軍
最光榮的使命。

三一

（淺釋）

「革命軍的四句口號：愛
國家，愛百姓，不貪財
，不怕死。」

我們剿匪只要實行剿匪四大綱領，
就必定成功。

第一、要全軍一致立志奮鬥，為我
們的剿匪已死的先烈雪恥，為我們
們陣亡的官兵報仇，不消滅奸匪，
生俱不完成任務誓不放手。

第二、要親愛精誠萬眾一心，爭取

三二

四、問：剿滅奸匪以後我們有什

三三

最後勝利，堅持必勝信念，有匪無
我，有我無匪，以十打一，以十打
百。

第三、要冒險犯難百折不回，保全
北伐抗戰的英勇歷史，發揮革命軍
人大無畏的精神，勇往邁進，前仆
後繼，受傷不退，被俘不屈，實行
第四、要服從命令，嚴守紀律，實行
革命軍的口號：愛國家、愛百姓、
不貪財、不怕死。

答：剿滅奸匪以後，我們中
國民主義就可以實現，
國民生建設就可以平均
生主義建設，我們的一切
可，那時候我們就可以
真正實行耕者有其田，
分配土地的政策，這樣全
國就可以平均地權，這樣全

三四

人民生活的，就可真正提高；整個的國民問題就可完滿的解決；民生問題就可完滿的解決；我們的大家就，可以達到平等的目標，就可做一個世界上最光榮的軍人。亦可以做一個獨立自由

三五

（淺釋）
劉匪成功以後，至少我們各人有四樣好處：
第一樣好處：劉滅奸匪，我們自己的全國同胞都可以安居樂業，我們自己受奸匪剝削之後，本妻子兄弟一家團圓的全家父母，就可以享受家庭的幸福。
第二樣好處：全國同胞都可以統一，亦可統一，我們的國家真可以全力推行三民主義，我們的國家真正成為一個有民主民治民享的新中國家。
的國民，再沒有外國人敢來侵略，欺侮我們了。

三六

第三樣好處：劉滅奸匪，就可以分田分地，土匪行耕者有其田，全家都可以改版了，吃我們的，在地改版了，地生在地，所有田地，可都以解決了。奸匪生有問題，土匪用剝削的地全家都可以分分，百姓地生在地，老奸匪用毒辣，未聽到，就可知道奸匪口和三歌謠說荒唐，一是此，何等毒辣，家在那裏荒唐!?的送手掉段。（現國每個均是欺騙國個均全來。（假騙均等何等荒唐!?）

三七

第四樣好處：劉滅奸匪，我們國民革命事業，只要劉滅奸匪這我們全國軍民才可以完成了，我們國民革命軍八年抗戰勝利的成果，才可以達到獨立自由我們的平等的地位，不會再受外國人使立凌欺侮的恥辱了。

三八

二一、剿匪要訣歌與連坐法之熟讀。

一、剿匪要訣歌

甲、重要性

1. 關於訓練、行軍、宿營、防禦、攻擊、戰術、軍紀、軍器等之規定，甚為簡明扼要，是一部剿匪最主要的戰略戰術原則，可作軍歌唱習訓練教材及討論題之用。

2. 說明了剿匪戰法之要領，以前官兵熟讀此歌，曾將盤踞江西之奸匪擊潰。

3. 可使官兵明瞭為何戰為誰而戰，既可練力又可練心。

4. 熟讀後之效果：

（一）可提高官兵對匪同仇敵愾心，

（二）可提高官兵明瞭國家賦予的偉大使命，

（三）可提高官兵作戰情緒，

（四）可提高官兵責任感，

（五）可使官兵嚴守紀律、服從命令、愛護同胞、增高軍譽，

（六）可使官兵加強團結、同舟共濟、患難相扶持，

（七）可使官兵有見義勇為、視死如歸的大無畏精神。

乙、熟讀方法

1. 每日朝夕由連長指導員或指派官兵領導全連官兵朗誦與歌唱。

2. 朗誦歌唱第一篇純熟後，再挨次朗誦歌唱第二篇、第三篇，至全部純熟為止。

3. 每次朗誦歌唱完畢時，隨即予以解釋，使瞭解歌詞真意，

以宏實用之效。

> 4. 將歌當作戰略戰術研究，製為訓練教材及討論題，由官長領導士兵勤加練習。
> 5. 列為考試校閱部門，或以團為單位舉行競賽，評定成績，決定獎懲。

丙、建議

1. 歌詞係於江西剿匪時期編定，各章原則與現在環境無大差異，皆能實用，惟關於匪之暴惡罪行，今已更多揭露，宜再加添於歌中。
2. 歌詞過長，宜斟酌現況編補增刪，以簡單易記為原則。
3. 匪之慣常戰略、現行戰法及我軍反攻作戰所必需之對策，以寡擊眾，以少勝多與對空講求等，宜作適切之闡述加添於歌中。
4. 歌曲過於單調，似可另編數部合唱之歌曲，合唱時佐以各種動作，使成為軍中一種游戲或體操，或編成簡短話劇，俾官兵瞭解更為深刻。
5. 結章抗日歌應改為抗俄歌，最後幾句宜改為「小挫切莫存畏懼，大勝切莫露矜驕，國內奸匪趕快平，消滅蘇俄大強盜」。
6. 歌名宜改為反共抗俄歌或反攻要訣歌。

二、連坐法

甲、重要性

1. 在作戰上使「強者不得獨進，弱者不得獨退」，做到「萬人一心」、「萬人齊力」，藉以鼓勵士氣，發揚戰績。
2. 消極方面是使官兵明瞭戰時臨陣退卻或友軍垂危而不知赴援在法律上應負的責任；積極方面是激發官兵效忠國家、愛護人

民、殺身成仁、舍生取義、同舟共濟的精神。

3. 北伐時期國民革命軍因連坐法執行認真，曾發生攻必克守必固的效力，今後則為反攻大陸爭取最後勝利所必需。

4. 是革命軍最要緊最公平的紀律，特點是罰從上始，賞自下起。

5. 熟讀後之效果：

（一）可提高官兵對匪同仇敵愾心，

（二）可提高官兵明瞭國家賦予的偉大使命，

（三）可提高官兵作戰情緒，

（四）可提高官兵的責任感，

（五）可使官兵嚴守紀律、服從命令、愛護同胞、增高軍譽，

（六）可使官兵加強團結、同舟共濟、患難相扶持，

（七）可使官兵有見義勇為、視死如歸的大無畏精神。

乙、熟讀方法

1. 每日朝夕或利用其他集會，由連長指導員或指派官兵領導全連官兵朗誦。

2. 利用各種集會之機會，由主席或主官闡釋橫的及縱的連坐內容，使人人以此自勉，朝夕警惕，拳拳服膺。

3. 每次戰鬥演習，列為必講之課目，使官兵易於領悟。

4. 在戰鬥前應宣讀連坐法，提高官兵警惕，堅定作戰信心。

5. 以團為單位舉行競賽，評定成績，酌予獎懲。

6. 在軍事養成教育中，使軍官學生從入伍起都能背誦，迨彼等充任連排長時，當能特別注意督教士兵，使官兵有共生死同榮辱之觀念。

丙、建議

1. 連坐法之執行，宜授權地區司令官以收實效。

2. 連坐法對高級幹部似嫌不夠，對各級幕僚亦須有連坐之規定。

3. 連坐法宜編為歌訣一、二十句，或併入剿匪要訣歌中。

二二、對將領思想之統一與精神之團結，以及其意志之堅定之道應加研究，擬訂具體辦法。又總體戰之內容與實施辦法，亦望擬訂具體之說明書。剿匪戰術與戰略之理論及要領之研究。

對將領思想之統一與精神之團結，以及其意志之堅定之道應加研究，擬訂具體辦法。

一、事實教訓

　　大陸剿匪戰爭中，國軍將領因畛域、派系、出身背景之不同，精神上每易受敵人之分化，影響團結，而將領個人對主義未樹立中心信仰，並昧於革命大義，不重義務與犧牲，只知爭權利爭享受，每於戰局艱危之際，不能忘卻安享尊榮之既得權利，遂致整個動搖其為革命而犧牲之意志，此即大陸軍事失敗主因之一。

二、具體改進辦法

1. 基本上以民主哲學與三民主義及反共抗俄基本論與總統之訓示為將領必修要目，並責成自寫心得，嚴加考核。

2. 藉召集教育，以統一各將領之戰術思想，並使及於國軍全體將士，因戰術思想之確立，而產生作戰必勝之信心。

3. 素養上，想定艱危之情況，反覆磨練並考核之。

4. 生活與工作上，多考核其思想之實踐與精神之貫澈，並予以上下縱橫間廣泛見面及交換具申意見之機會，並考核之。

5. 制度上，著重思想與行動之實踐，養成自動自發之習慣，並策定合理之人事制度，使人人有向上之心。

6. 風氣上，獎樹言行規戒，去偽存誠。

又總體戰之內容與實施辦法，亦望擬訂具體之說明書。

一、事實教訓

大陸剿匪戰事之失敗，敗在未能按總體戰之要求，以軍事為中心，而匯合運用政治、經濟、社會、文教各方面之統合戰力，與匪作戰，而係各自為政，各自為戰，各行其是，不相為謀，甚至互相牽制抵消，以致最後拖垮整個剿匪軍事。其次為未能善用民眾力量，組織民眾，以確實動員所有人力、財力、物力，統為戰事服務，反之共匪則有堅強的總體組織，能以控制人民土地及資源，使一切為匪利用。

二、總體戰實施辦法提要

1. 澈底實行主義，樹立革命信心。
2. 從中央到省區改編或適於指導及執行戰爭之整體組織，與作戰無關之機構盡量撤消。
3. 一切法制皆為軍事勝利而設，不把平時制度拏在戰時用。
4. 整個社會組織軍事化，所有領域及人民結成戰鬥面，使人人生產、人人戰鬥。
5. 動員人、財、物力為戰爭服務。
6. 重建後勤制度，使省縣政府主辦兵役、補給、運輸以節時省事，而免千里饋糧，使軍隊敗於不符現實之後勤制度。
7. 改正文武懸殊、軍民分治之不良傾向，而為文武合一、軍民一體之總體觀念。
8. 大量選訓儲備民眾，組訓幹部，以備反攻時與敵人進行組織戰。

剿匪戰術與戰略之理論及要領之研究。

一、事實教訓

國軍剿匪在戰略上固有失算，但主要係受戰術失利之牽累，因一髮而動全局，其例不勝枚舉。共匪用兵諸如情報通訊靈活、警戒封鎖確實、整補迅確、練兵安全、用兵祕密、補給運輸容易，均為其長處。基於以上條件，故能「機動」、「集中」、「奇襲」，順利遂行「切線」、「孤點」、「以大吃小」、「各個擊破」之戰術，並可達成在戰略上「以一敵十」，在戰術上則「以十打一」。國軍在戰略上之採取主動，但在戰術上則常變而為被動，雖有優勢不能發揮，此所以致敗。

二、剿匪戰術與戰略之理論及要領

（一）理論方面為全民求生存、爭獨立自由之革命戰爭理論，亦為世界人類反奴役、反迫害、反極權、反侵略、爭自由、求進化之神聖戰爭理論，因此在戰略上必須是：

1. 全民動員的總體戰。

2. 自由世界統一戰線的一部份。

3. 政治重於軍事。

4. 精神重於物質，並求在民眾組織中消滅敵人，以水覆舟的殲滅戰。

5. 以小擊大，以弱擊強的革命戰。

在戰術上必須是：

1. 以火海制人海的威力戰鬥，以技術補人力之不足。

2. 以機動奇襲迅求戰果的快速戰鬥。

3. 講求局部優勢，殲滅敵人主力。

4. 以震駭壓倒孤立，削弱敵人壯大自己的困敵戰鬥。

5. 以爭取群眾、打擊匪幹的擒首戰鬥。

（二）要領方面，在戰略上是：

（1）實行政治反攻，樹立人心歸向的基礎，使匪與全民為敵。

（2）聯合與國，闊壯反攻聲勢。

（3）實行軍事陽動，眩惑欺騙敵人。

（4）運用機動威力，以小擊大，以動制靜。

（5）點的殲滅，線的控制，面的掌握，把握時機，強行決戰。

在戰術上是：

1. 聲東擊西，避實擊虛。

2. 盡量發揮火力、機動力，以求速戰速決。

3. 構成局部之優勢，徹底殲滅敵人，集小勝而成大勝。

4. 祕密企圖，把握戰機，運用內線作戰之原理，節約兵力擊破敵人。

二三、生活即戰爭，軍隊即學校。

甲、生活即戰爭

一、生活與戰爭條件一致則勝，相離則弱，相反則亡。

二、生活戰時化，一切規律化，平時戰時化。

三、生活的目的，在增進人類全體生活，和戰爭的目的相同。

四、只有奮鬥才能過有意義的生活，所以生活即戰爭。

五、社會是一個人生大戰場，每一個人都是這個永不完結的戰爭中列兵，所以人的生活充滿了戰鬥，便永不能休息，永不能退卻，除了死亡，你無法從這個戰役中撤退下來。

六、人類是需要自由平等的，在這種需要之下，他一定會具有一個合理的生活方式，同時為了保持這種合理的生活方式，他必得隨時排除一切阻力和破壞力，以保持生活完整，而從生活的充實中尋求幸福。

七、生活與戰爭，皆以智、仁、勇三德為原動力。

八、生活是行仁，戰爭是求仁，其目的相同。

九、生活是人類求生本性，戰爭是保護人類生存，二者皆應大德曰生、生生不息之旨，為宇宙間自然狀態。

十、生活與戰爭之成就，皆以堅忍苦鬥而來，其過程中所遭遇之艱難困厄危險挫折愈多者，其成功愈大，價值亦愈高。

乙、軍隊即學校

一、吾人應枕戈待旦，隨時準備殺敵，手不釋卷，到處均可學習。

二、以經驗作教訓，以戰役作經驗。

三、軍隊即學校，而使管教養衛合而為一，即訓即練，生活與戰鬥形成一體，庶可團結軍心而振奮士氣。

四、時代是進步的，因此戰爭無時無刻不在進行中。一昧墨守成規是時代的落伍者，所以應該不斷的創造，不斷的改進，以適應新的時代，迎接新的勝利。

五、人生天地間，自幼迄老，無時無刻不在學，曰格物致知，曰即物窮理，曰窮理致用，以及研經讀史，尚友古人，詢於芻蕘，不恥下問，其實皆學也。

六、宇宙間萬事萬物之創始，世界上各種科學之發明，皆由日常生活環境中，根據耳目之所接，思想之所及，以發其端，故生活所寄託之空間，即為學的領域，生活所佔有的時間，皆屬學的機緣。

七、利用軍隊完善組織，養成生活良好習慣，鍛練體魄，發揚志氣，培養武德，增進學識技能，群策群力，合作互助，任勞任怨，同甘共苦，為革命建國奮鬥到底。

八、成為最堅強優秀之革命鬥士，則必須提高其學識水準，加強其戰鬥技能，啟發其革命思想，才能成為百戰百勝之雄師。

九、從戰鬥中體念的汗血結晶，我們更應該不斷的發明與創造，才能擴大軍事學校的學術領域，充實軍事學校的內容。

十、唯有在生活上、工作上、戰鬥上，把握每個時機去學習，才能得到真正高深的學問。

二四、軍人不以整軍建軍之職責為重，而以個人之利害與感情為主，此我陸海空軍之所以不能成立為現代化軍隊也（33年12月27日日記）。

一、過去大陸剿匪期間，所獲得之慘痛經驗教訓，為免重蹈覆轍，亟應加強政治訓練，促使國軍幹部認清主義，化除派系，統一意志，集中力量，以謀鞏固團結，加強組織訓練，做到三軍一家，如兄如弟，三軍一體，如手如足，如此方能言反共抗俄。

二、過去一般將領由於自私心太重，處處以歷史、派系、鄉土等關係及個人成敗為前提，一切制度形同虛設，全部法令規章等於廢紙，苟利於己，則千方百計促其實現，苟害於己，亦莫不推拖延擱，阻礙其實施，所以軍隊始終成為個人爭心奪利之工具，永遠求不到進步，其原因病在主官權力過高，中央無從控制。昔呂尚論兵，一再以權之不可假借為明主誡，故謂：「無借人國柄，無借人利器，無使人奪汝威」。我領袖有見及此，三年來再三以建立制度、改造風氣相勉吾人，苟能改變作風，著手自削越權行為，而尊重制度，則個人利害受限制，情感不克引起作用，當能如荀悅所云：「有公賦，無私求，有公用，無私費，有公役，無私使，有公賜，無私惠，有公怒，無私怨」，而成為現代化國軍矣。

三、試觀當前在軍事改革上各項重大措施，就是使部隊新生力量逐漸成長，為主官定期調職、除役及假退役之實施，人事制度之建立，補給實行核實，這都是向現代化國防建設的具體實現。總之我們要使整軍建軍工作有效的完成，就非從健全

制度，一切走向制度化、科學化途徑著手不為功，而惟有在健全制度下，則一切個人的、自私的、封建的一切陳腐觀念都從此根除。

四、外國軍人捍衛國家，人民崇之為英雄，國家一切予以優先待遇，享受均逾常人，獲得國家之光榮與優遇，故樂為國死，這是物質的方面。中國軍人雖都受革命教育，但非超人，自不能人人聖賢，無條件為國犧牲。在職軍人生活困苦，無職軍人更無保障，犧牲後之家庭更不堪設想，種種口實，使中國軍人與外國軍人有甚大差別。

五、軍人應以三民主義為中心思想，不論將校士兵皆以此思想為目標，則三軍一家，如手如足，不復有個人利害、感情用事之情形存在。

六、自歐美之個人自由主義流毒中國，更養成中國人之權力慾望與功利主義，而中國之固有道德亦為之摧毀，所以凡事俱以利我前提，以道義為迂腐，升官發財之慾望彌漫社會，軍人受此習染，遂亦嘗以個人利害感情為主，而不以整軍建軍為重。

七、建立現代化軍隊，是每一個軍人都應負的責任，其要項如下：

（1）要建立革命的精神和道德的力量。

（2）建立革命軍紀，使能誓死服從命令，並加強服從與團結。

（3）確立軍事教育制度與人事制度，且使互相配合，能稱其職，能盡其才。

（4）研究改進軍制，並樹立推行軍政業務之各項制度法規，以科學化、制度化精神，加強組織，運用組織。

（5）符合總體戰之要旨，研究軍事學術，以革新並統一戰術思想。

八、整軍建軍以制度為第一，用人為第二。國軍建軍三十年來
　　歷經北伐、剿匪、抗日諸役，英烈壯烈，奮勵無前，不絕於
　　書，去殘蕩污，豐功偉績，不可謂無人，而仍使領袖有不能
　　建現代化軍隊為嘆者無他，受社會風尚所染，以個人利害感
　　情為主之一私字作祟耳，救偏補弊之法似應以：
　　（1）人材分類，特別以將類為第一，切不可如現行分類制，
　　　　　以將級為通材。蓋過去我軍未有全材訓練之教育制度，
　　　　　今日之將領除天才外，難期全材，況性格不一，學養各
　　　　　異，適於作戰之驍將未必適於作建軍工作。
　　（2）量材任用，以建軍理想而又能大公無私者，任建軍工
　　　　　作，必較圓達應付裕如之人材為適當。
　　（3）訓練與培養，訓練新人材，培養公而無私風氣，此外
　　　　　尤有一要者，為軍人退役養老制度之確立，俾免軍人有
　　　　　後顧無依之憂，庶減輕其自私心理。
九、整軍建軍之制度為何，一曰軍事教育制度，除必須持立革命
　　精神實現主義，犧牲個人一切，確保我民族之獨立自由平等
　　之基本條件外，軍事知識日新月異之科學，不僅授完必修課
　　程，且有專門之學問及品格修養，更需具有研究精神。真如
　　總統「切實接受時代的要求和科學的精神與方法」之訓示。
　　二曰人事制度，用正才，用新人，不使濫用，升遷獎懲，必
　　須經過全體官兵公開評判。三曰經濟制度涓滴為公，經費收
　　支保管，須加以公開審核保管。

民國史料 95
蔣介石軍事作戰檢討
（1945-1948）
Chiang Kai-shek's Review of Campaigns,
1945-1948

編　　者　民國歷史文化學社編輯部
總 編 輯　陳新林、呂芳上
執行編輯　林弘毅
美術編輯　溫心忻

出　　版　 開源書局 出版有限公司

香港金鐘夏愨道 18 號海富中心
1 座 26 樓 06 室
TEL：+852-35860995

民國歷史文化學社 有限公司

10646 台北市大安區羅斯福路三段
37 號 7 樓之 1
TEL：+886-2-2369-6912
FAX：+886-2-2369-6990

再版一刷　2024 年 12 月 31 日
定　　價　新台幣 480 元
　　　　　港　幣 160 元
　　　　　美　元　22 元
I S B N　978-626-7543-52-8
印　　刷　長達印刷有限公司
　　　　　台北市西園路二段 50 巷 4 弄 21 號
　　　　　TEL：+886-2-2304-0488

http://www.rchcs.com.tw

國家圖書館出版品預行編目 (CIP) 資料

蔣介石軍事作戰檢討 (1945-1948) = Chiang Kai-shek's review of campaigns, 1945-1948 / 民國歷史文化學社編輯部編 . -- 再版 . -- 臺北市 : 民國歷史文化學社有限公司 , 2024.12

面；　公分 . -- (民國史料 ; 95)

ISBN 978-626-7543-52-8 　(平裝)

1.CST: 蔣介石 2.CST: 國共內戰 3.CST: 軍事戰略

628.62　　　　　　　　　　113019623